AF628443

DAS MUSEUM DER UNNÜTZEN KÖRPERTEILE

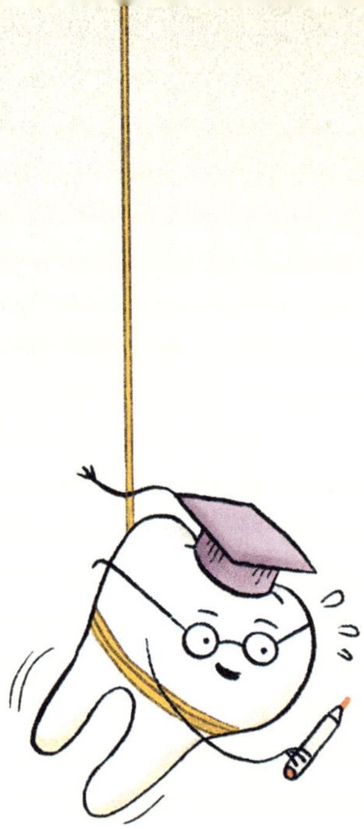

RACHEL POLIQUIN

ILLUSTRATIONEN

Clayton Hanmer

Das Museum der Unnützen Körperteile

Warum du heute noch Weisheitszähne, Schluckauf oder Gänsehaut bekommst

Aus dem Englischen von Cornelia Panzacchi

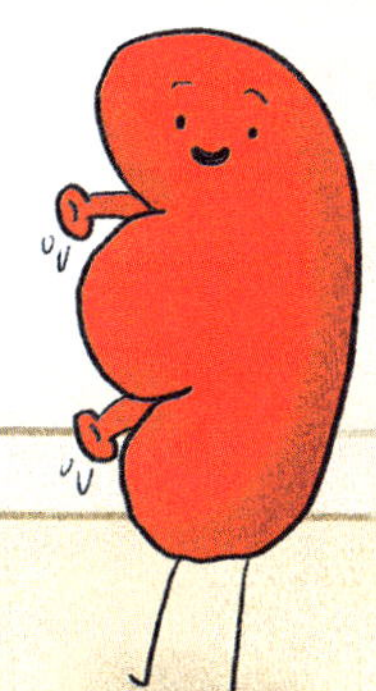

KNESEBECK

INHALT PLAN

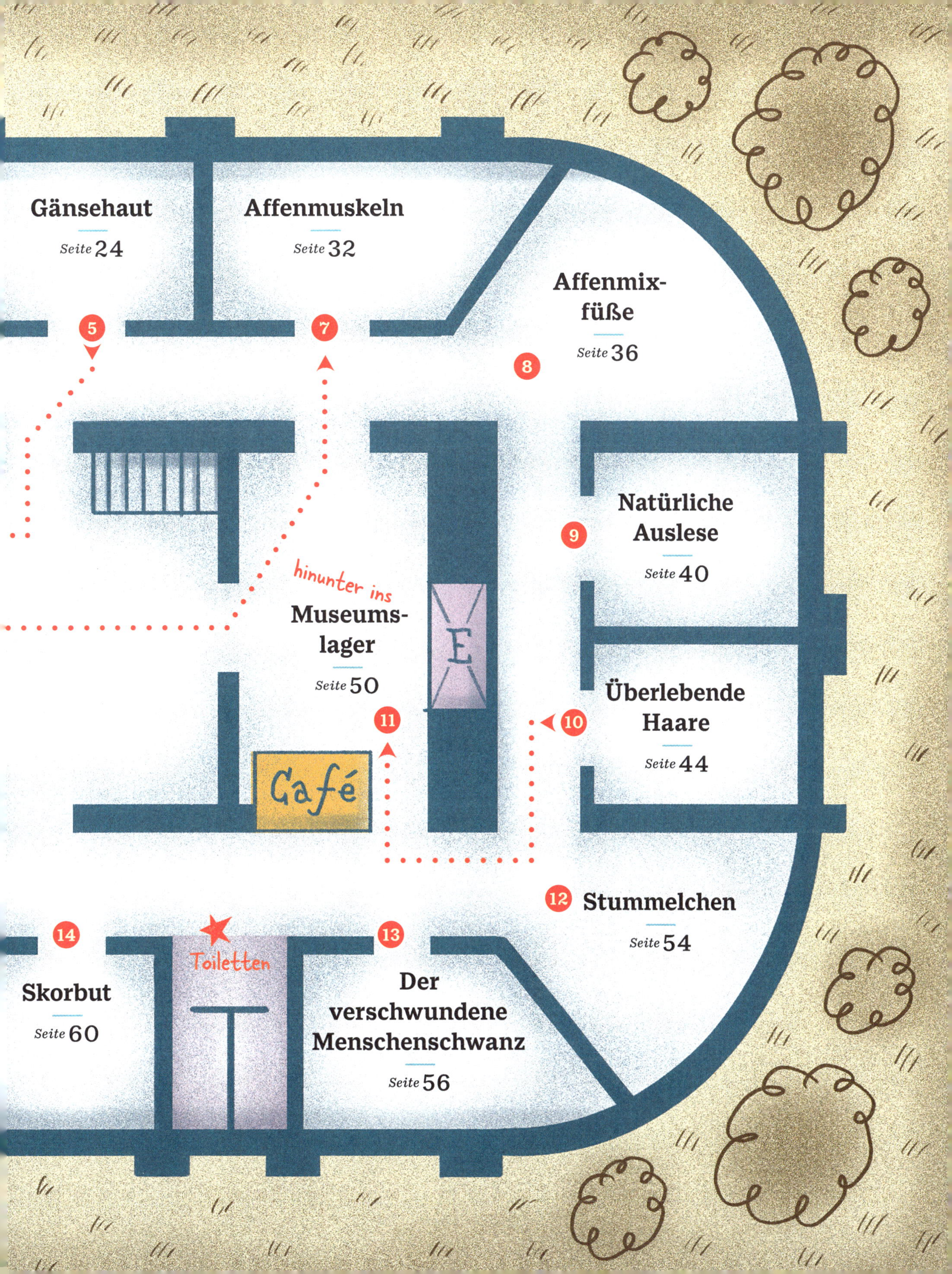
Gänsehaut
Seite 24
Affenmuskeln
Seite 32
Affenmix-
füße
Seite 36
5
7
8
9
Natürliche
Auslese
Seite 40
hinunter ins
Museums-
lager
Seite 50
E
Überlebende
Haare
Seite 44
10
11
Café
12
Stummelchen
Seite 54
14
13
Toiletten
Skorbut
Seite 60
Der
verschwundene
Menschenschwanz
Seite 56

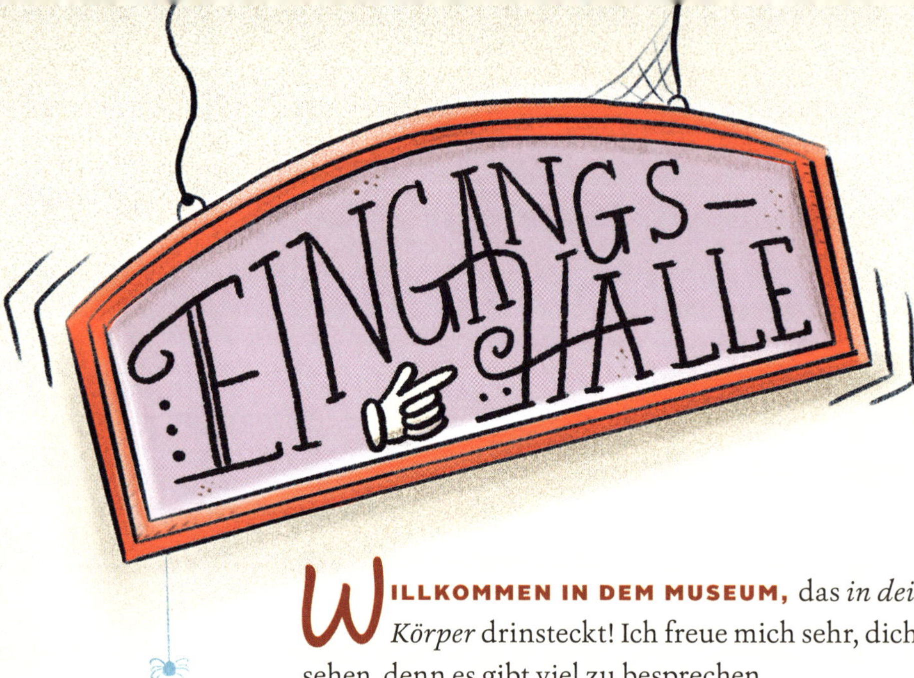

WILLKOMMEN IN DEM MUSEUM, das *in deinem Körper* drinsteckt! Ich freue mich sehr, dich zu sehen, denn es gibt viel zu besprechen.

Natürlich weißt du, dass dein Körper wunderschön und stark ist. Er kann laufen und springen, verfügt über eine Lunge und Augen und kann mit seinem großen Gehirn fantastische Ideen entwickeln. Wow!

Aber wir wollen nicht über deine tollen Körperteile reden, sondern über all das unnütze Zeug, das immer noch in und an deinem Körper ist. Ja, du hast mich schon richtig verstanden: all der Kram, den niemand mehr braucht. Und dennoch ist der menschliche Körper voll davon.

Ich muss sogar gestehen, dass ich ein Teil davon bin. Denn ich bin nicht irgendein Zahn, sondern der *Weisheitszahn*. Das bedeutet natürlich, dass ich nicht nur sehr kräftig und schlau bin, sondern auch ein Zahn, den Zahnärzte oft ziehen.

Letzteres ist sowohl für dich als auch für mich unerfreulich, macht mich aber nicht zu etwas Unwichtigem. Natürlich kannst du auch ohne mich gut leben. Dennoch bin ich ebenso wie alle anderen sogenannten unnützen Körperteile so bedeutsam, dass uns die Forschenden einen besonderen Namen gegeben haben: Wir sind die **Rudimente**.

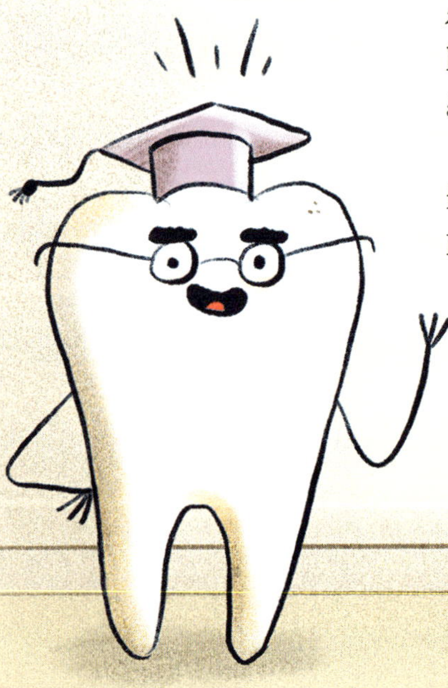

Was sind Rudimente?

Faszinierende Körperteile

Als Rudimente bezeichnet man Körperteile, die mittlerweile überwiegend ~~nutzlos~~ lustig **sind, für deine urzeitlichen Vorfahren aber von Bedeutung waren. Immer wenn deine frühen Vorfahren ihre Lebensweise änderten, indem sie etwa ihre Ernährung oder den Lebensraum wechselten, wurden bestimmte Körperteile überflüssig. Heute existieren diese Überreste immer noch im menschlichen Körper. Sie können ~~geschrumpft~~** clever, **~~beschädigt~~** witzig, **~~kaputt~~** wunderschön **oder ~~einfach nur seltsam~~** fantastisch **sein und es gibt sie immer noch.**

Warum wir so wichtig sind? Weil wir die Geschichte der Evolution des Menschen nacherzählen. Wir sind die Zeugen einer Entwicklung, in deren Verlauf Menschen zwei Beine, zwei Arme und je zehn Finger und Zehen bekamen – und auch die Haare auf dem Kopf und all das andere, was Menschen von Hunden, Schlangen und Palmen unterscheidet.

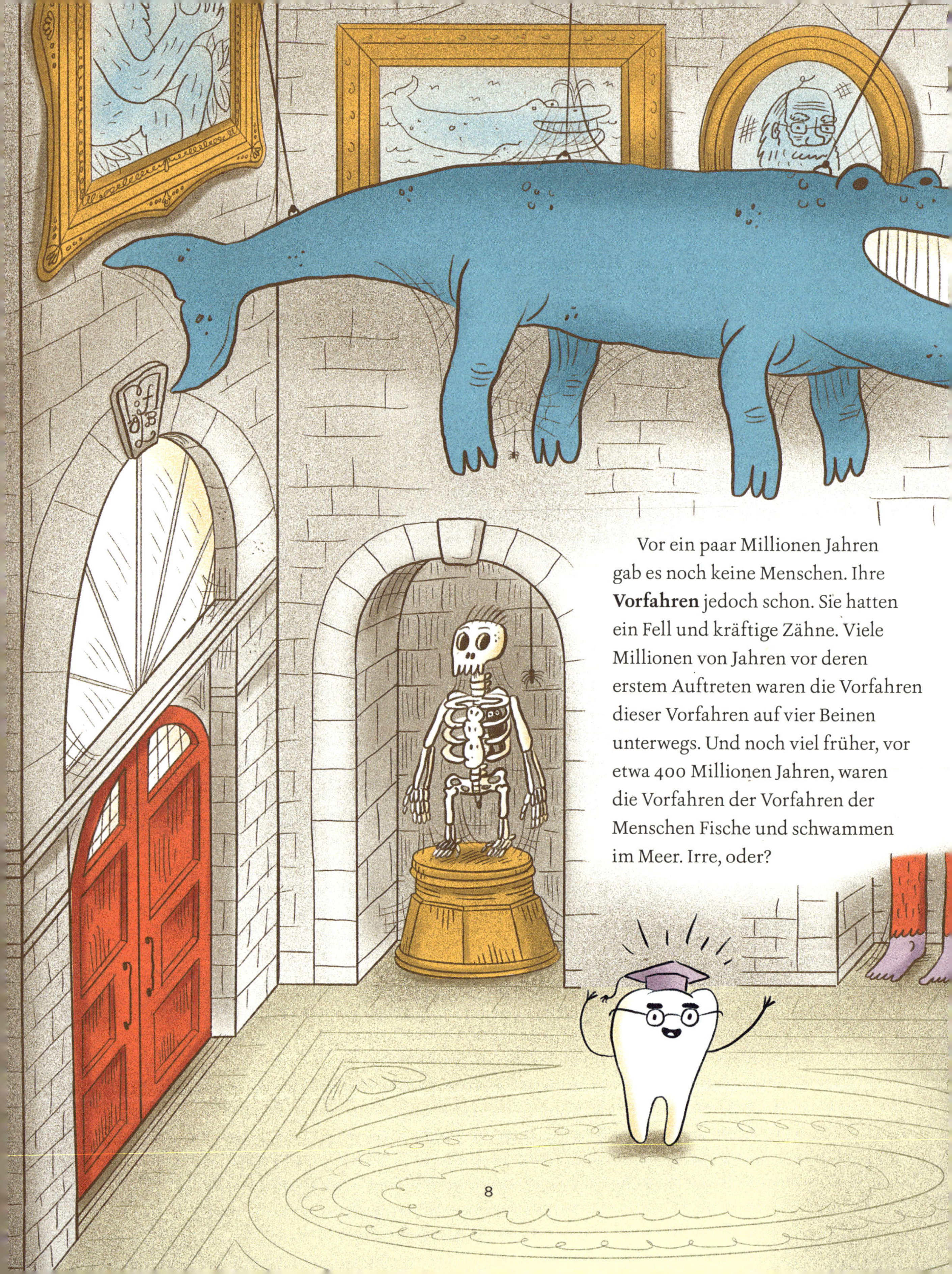

Vor ein paar Millionen Jahren gab es noch keine Menschen. Ihre **Vorfahren** jedoch schon. Sie hatten ein Fell und kräftige Zähne. Viele Millionen von Jahren vor deren erstem Auftreten waren die Vorfahren dieser Vorfahren auf vier Beinen unterwegs. Und noch viel früher, vor etwa 400 Millionen Jahren, waren die Vorfahren der Vorfahren der Menschen Fische und schwammen im Meer. Irre, oder?

Wie können wir Rudimente die Entwicklungsgeschichte der Menschen nacherzählen? Das wirst du gleich sehen!

Willkommen im Museum der unnützen Körperteile!

Ich, der Weisheitszahn, werde dich durch alle Räume und Säle führen und dabei mit dir zusammen eine Zeitreise in die Vergangenheit unternehmen. Auf dieser Reise werden wir der Gänsehaut begegnen, den Schrumpelfingern und dem entsetzlichen Skorbut (eine Krankheit, die bewirkt, dass die Zähne ausfallen! Absoluter Horror!). Außerdem stelle ich dir einige deiner frühesten Vorfahren vor, die vor Hunderten von Jahrmillionen lebten.

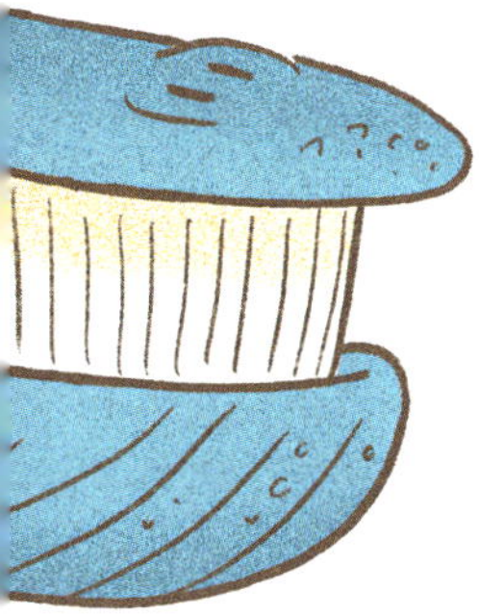

Aber jetzt sollten wir keine Zeit mehr verlieren, denn es gibt viel zu sehen – und zu lernen!

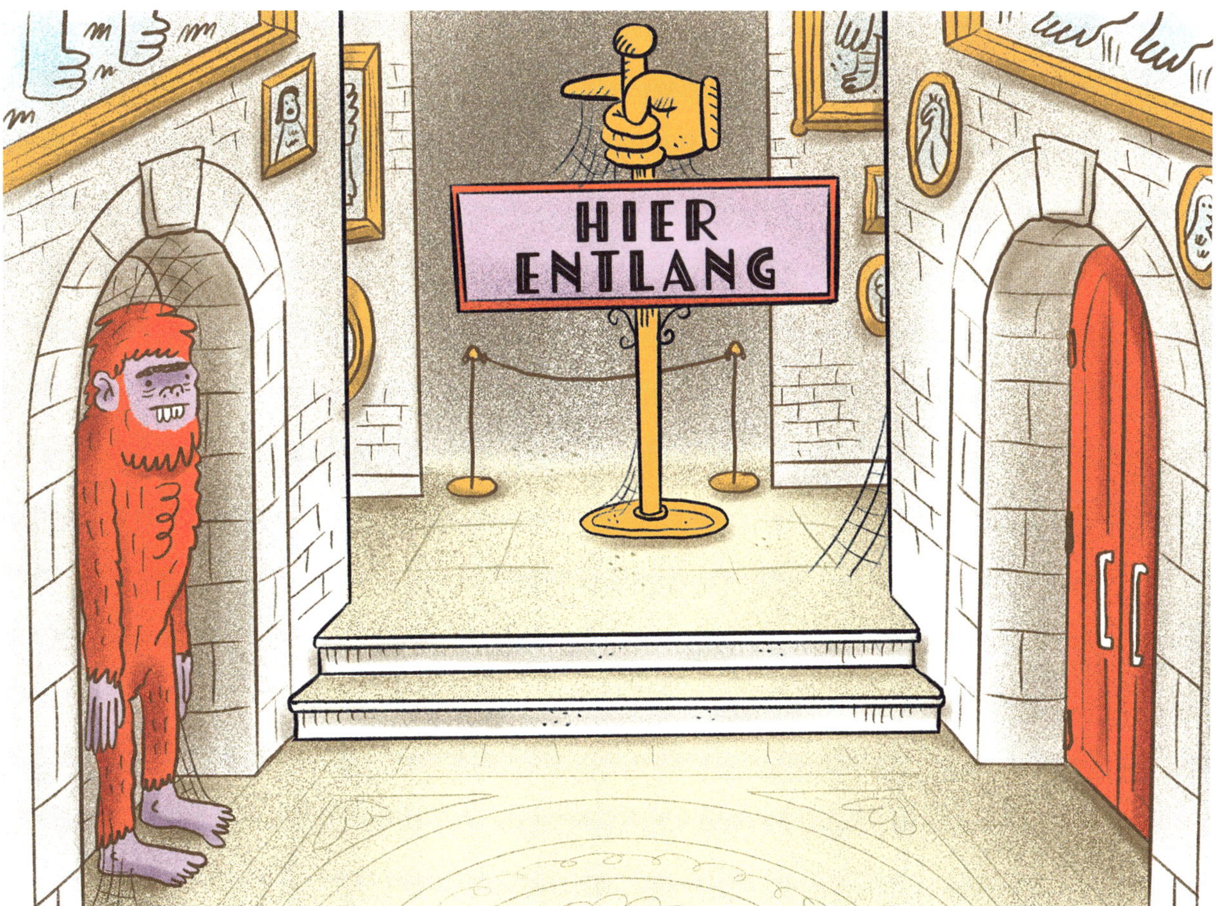

Vor Anbeginn des Lebens …

DEIN STAMMBAUM

Einzeller

Prokaryoten • ~3,8 Mrd. J.*
winzig, aber lebendig!

*vor Milliarden Jahren

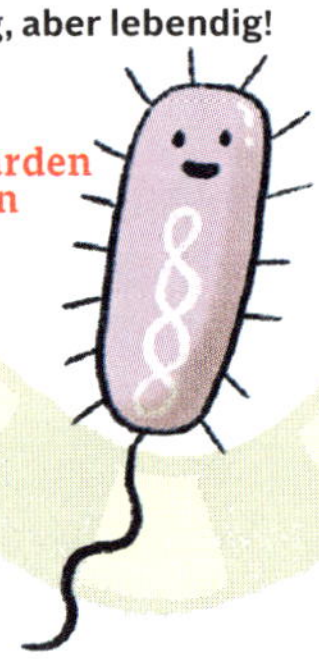

HIER STELLE ICH DIR deine Familie vor. Anfangs existierten nur winzige einzellige Organismen, die sich durch urzeitliche Meere treiben ließen. Sie blieben lange Zeit auf der Erde bestehen, doch ungefähr drei Milliarden Jahre später gab die Evolution plötzlich richtig Gas. Als Erstes traten Schleimklumpen auf, dann kamen Schwämme und Seegurken. Es folgte das Zeitalter der Fische – und wie du hier sehen kannst, hatte einer von ihnen Beine. Aus diesem Fisch entwickelten sich später nach und nach Tiere, die wie Salamander, wie Eidechsen, wie eine Kreuzung aus Leguan und Dachs, wie Spitzhörnchen, wie Affen und schließlich wie Menschenaffen aussahen. Zuletzt trat dann *Homo sapiens* auf – das ist die Art, der auch du angehörst. Das dauerte ungefähr 500 Millionen Jahre.

800

Schleimklumpen

Cnidaria • 600 Mio. J.*
Augen! Bewegung!

*vor Millionen Jahren

600

700

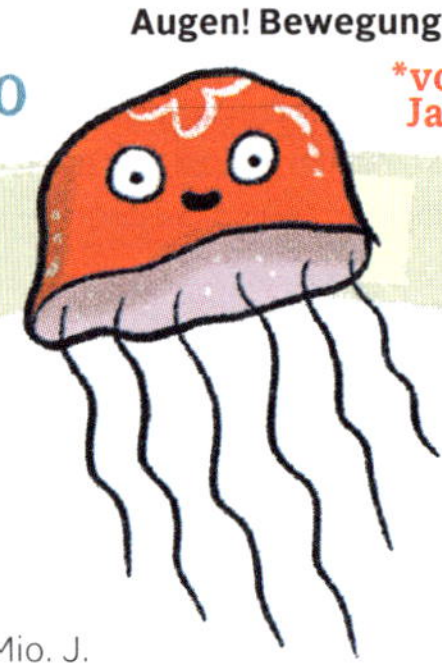

Entelognathus • 419 Mio. J
Kiefer!

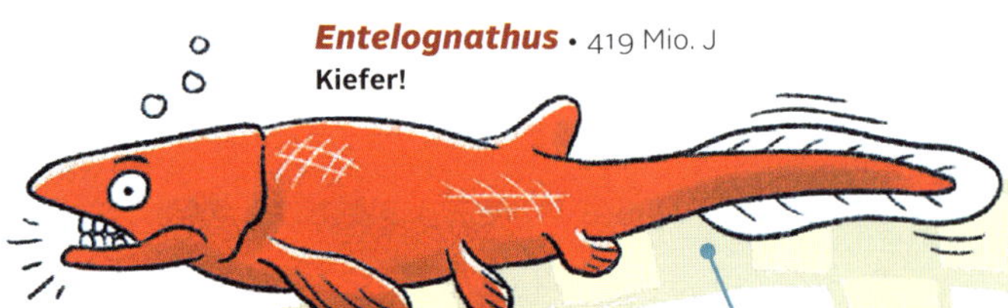

Haikouichthys • 535 Mio. J.
Wirbelsäule!

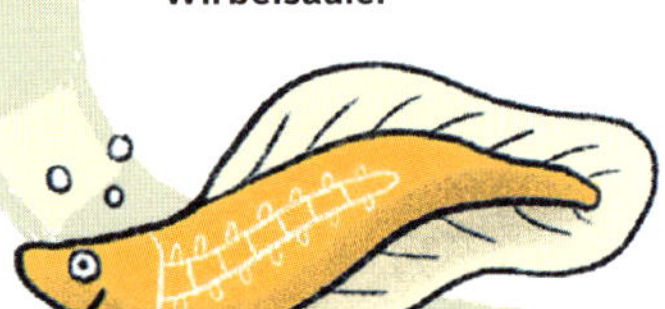

400

500

Die meisten Fische zweigen hier ab

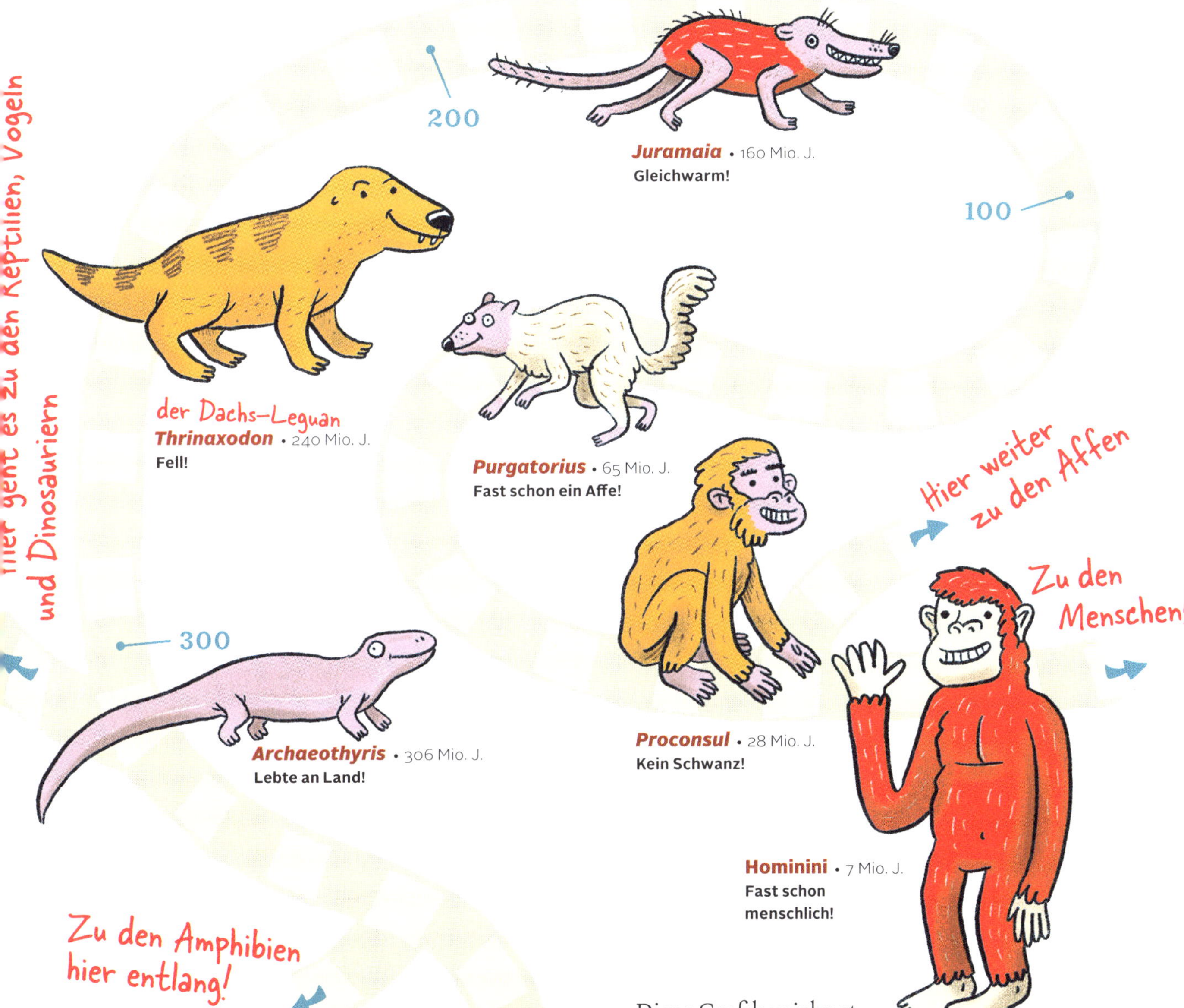

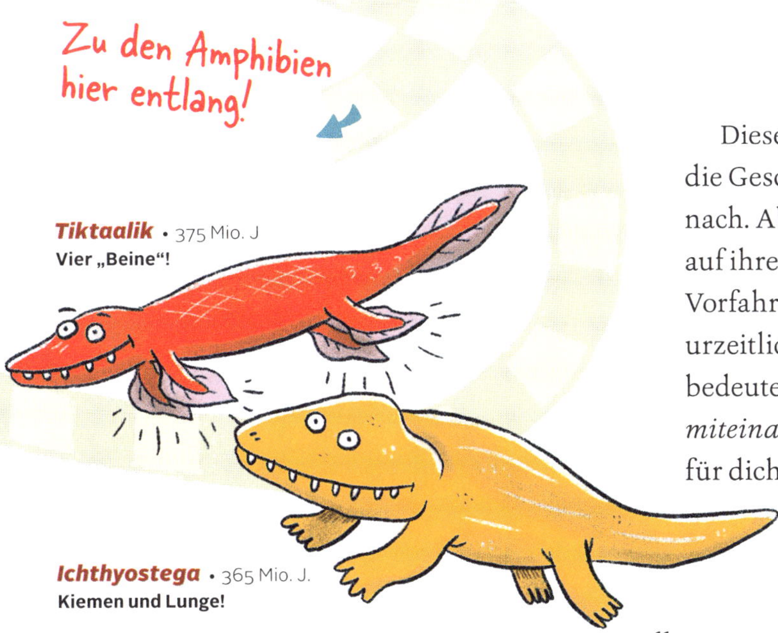

Diese Grafik zeichnet die Geschichte der Menschen nach. Aber jede heute lebende Art blickt auf ihre eigene Geschichte und ihre eigenen Vorfahren zurück, die sich ebenfalls aus den urzeitlichen Einzellern entwickelten. Das bedeutet, dass *alle Tiere, die jemals lebten, miteinander verwandt sind* – und das gilt auch für dich. Du bist Teil dieses gewaltigen Stammbaums, dessen Mitglieder immer einige Vorfahren gemeinsam haben.

Was ist eine Art?

Pferde sind anders als Katzen. Das sieht man auf den ersten Blick - weil Pferde einer anderen Art angehören als Katzen. Eine Art ist eine Gruppe von Lebewesen mit gemeinsamen Merkmalen und Eigenschaften, die sich miteinander so fortpflanzen, dass ihr Nachwuchs das gleiche Aussehen wie die Eltern hat.

Arten können voneinander so verschieden sein wie Pferde und Katzen. Sie können einander aber auch so stark ähneln, dass sie sich nur in einigen Punkten unterscheiden wie etwa Alligatoren und Kaimane. All deine hier im Museum vorgestellten Vorfahren gehören anderen Arten an als du und sie sind alle ausgestorben.

Die Geschichte der Entwicklung der Arten nennt man **Evolution**. Indem man sie zurückverfolgt, erfährt man, wie die auf unserem Planeten lebenden Wesen entstanden. Denn es ist nicht so, dass etwa die Tauben eines Tages plötzlich da waren. Und die Würmer auch nicht. Und du bist auch nicht ganz plötzlich aus dem Nichts aufgetaucht. Denn die Menschen und alle Tiere und Pflanzen *entwickelten* sich aus ihnen ähnlich sehenden Arten. Die Entwicklungen verliefen über sehr viele *Millionen* Jahre hinweg und die Nachkommen sahen immer ein wenig anders aus als ihre letzten Vorfahren. Außerdem waren sie immer ein bisschen besser an ihre Umwelt angepasst.

Nachdem im Laufe der Jahrmillionen unzählige kleine Veränderungen erfolgten, traten Arten auf, die ganz anders als ihre frühesten Vorfahren aussahen. Denn darum geht es eigentlich bei der Evolution: Aus Arten werden neue Arten, die sich dann selbst immer weiter verändern, bis nach Millionen von Jahren wieder eine neue Art entstanden ist.

So, das war die *offizielle* Geschichte der Evolution. So wird sie in vielen Büchern erzählt und so erklären sie dir auch deine Lehrer in der Schule.

Ich aber erzähle dir eine etwas andere Geschichte – und zwar die von der *dunklen Seite* der Evolution. Sie verläuft nicht so glatt wie in den Schulbüchern, aber es ist unsere Geschichte. Die Geschichte der Rudimente, die im Laufe der Evolution sinnlos wurden und schrumpften. Ich weiß, dass du darauf brennst, sie zu erfahren. Na, dann komm doch mal mit!

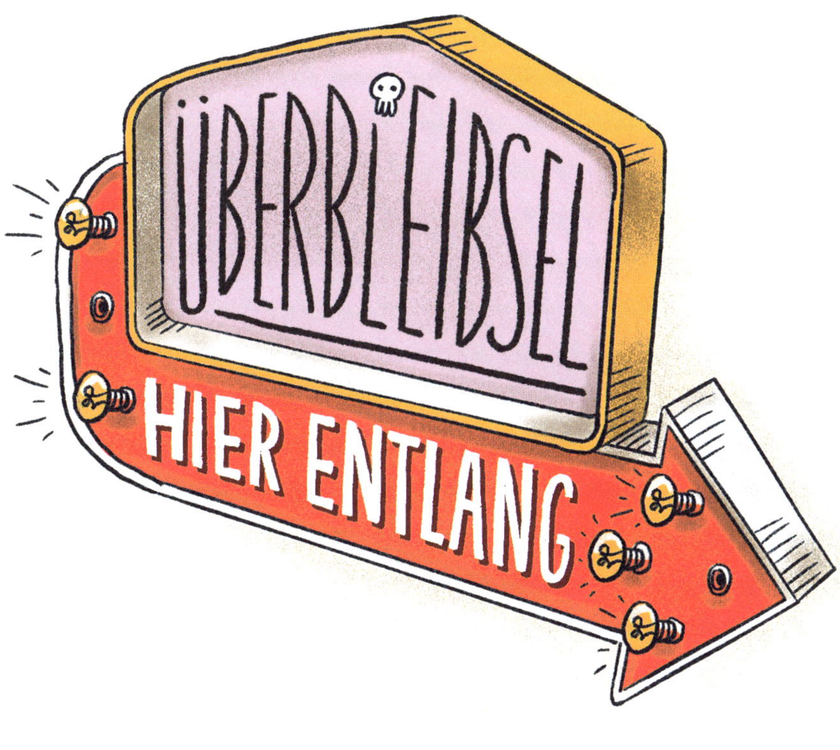

DIE DUNKLE SEITE

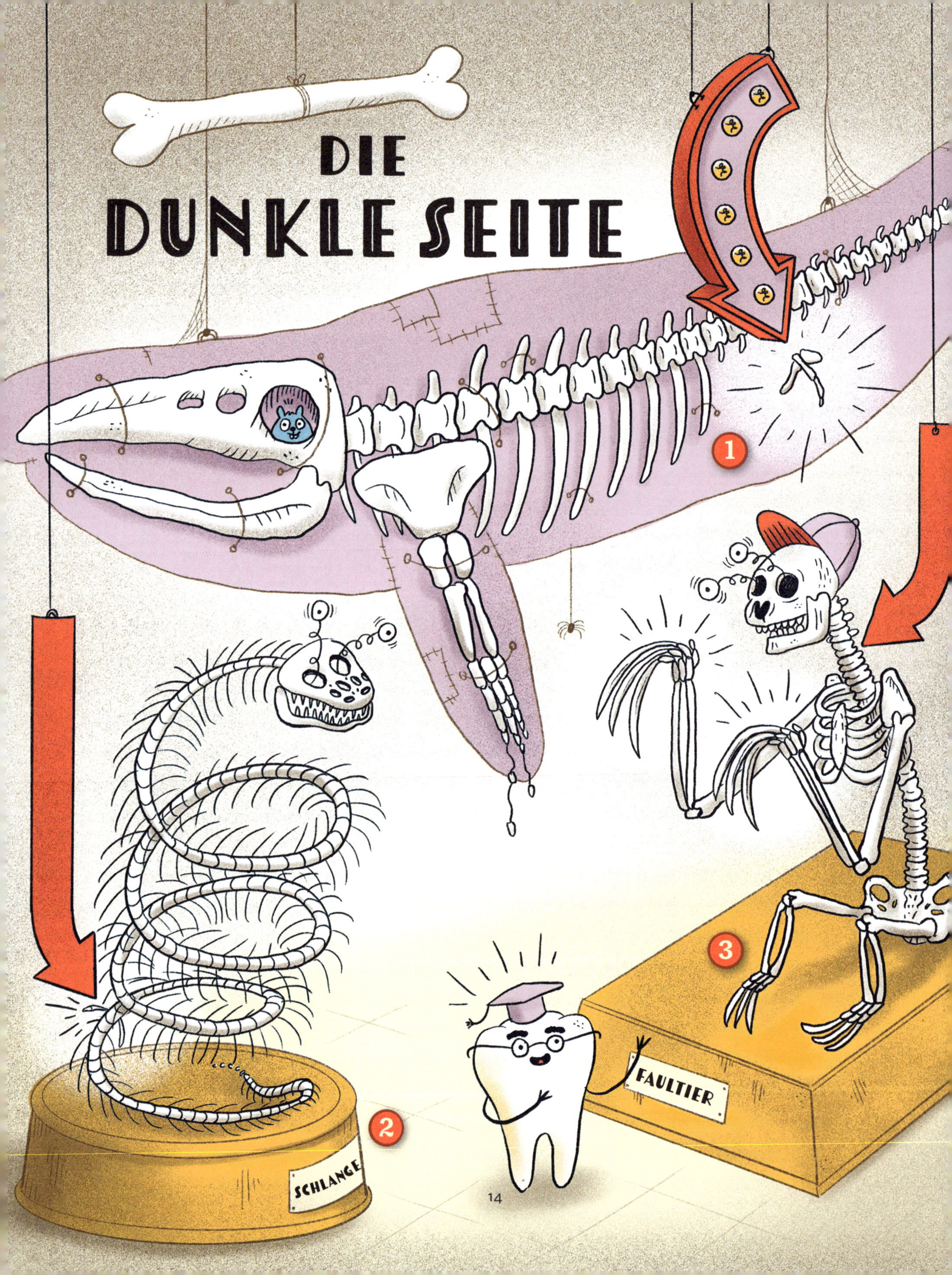

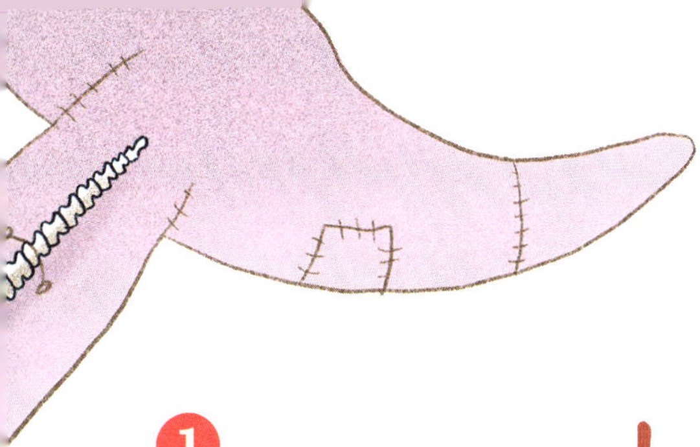

1

WALE: Die Vorfahren der Wale lebten vor Millionen von Jahren und liefen auf vier Beinen. Im Walskelett gibt es noch Rudimente von Hüft- und Beinknochen.

2

SCHLANGE: Oft weisen Boas und Pythons winzige Hinterbeinknochen auf, die kaum mehr als kleine Höcker sind, denn ihre Vorfahren krochen auf vier Beinen.

3

FAULTIER: Das Dreifingerfaultier hat an jeder Hand nur drei Finger. Doch weil seine Vorfahren fünf Finger besaßen, hat dieses Faultier noch Knochenreste von zwei weiteren Fingern.

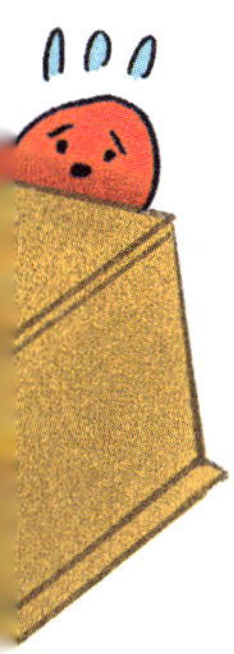

IN BIOLOGIEBÜCHERN wird die Evolution stets als ein wunderbarer Prozess beschrieben, der glatt und störungsfrei abläuft. Stimmt nicht, er hat tatsächlich auch eine dunkle Seite!

Wenn sich aus einer Art eine neue Art entwickelt, dann oft, weil einige der Tiere ihr Verhalten geändert haben oder in ihrem Lebensraum etwas anders geworden ist. Vielleicht hatten sie besonders leckere Nüsse gefunden oder das Klima kühlte ab und sie begannen zu frieren. Nachdem die Tiere dieser Art Millionen von Jahren hindurch versucht hatten, diese Veränderungen zu überleben oder das Beste aus ihnen zu machen, entstanden Nachkommen, die anders als ihre Urururur...und-so-weiter-Vorfahren aussahen: Sie hatten ein flauschiges, isolierendes Fell bekommen oder aber Zähne, mit denen sie die leckeren Nüsse gut knacken konnten.

Diese Veränderungen bezeichnet man als **Merkmale**. Kräftigere Zähne und dickeres Fell sind Merkmale, die einem Tier ermöglichen, in einer veränderten Umwelt länger und zufriedener zu leben. Was aber ist mit den Merkmalen, die die Tiere dieser Art *vorher* hatten? Etwa große Ohren, mit denen sie sich bei Hitze Luft zufächelten? Oder eine lange Zunge, mit der sie Ameisen aufleckten? Große Ohren sind in kaltem Klima kein Vorteil, lange Zungen helfen nicht beim Nüsseknacken. Was passierte mit ihnen? Das ist die dunkle Seite der Evolution!

Manche dieser Merkmale finden sinnvolle neue Aufgaben, wenn ein Tier etwa zum Schlafen die großen Ohren um sich herumwickeln kann wie eine warme Decke. Andere Merkmale verschwinden, *als hätte es sie nie gegeben*. Die übrigen von uns Rudimenten aber bleiben. Meist schrumpfen wir und bestehen über Jahrmillionen weiter, ohne irgendeine Funktion zu haben. Dabei kommt man sich echt nutzlos vor, muss ich gestehen.

Aber jetzt habe ich ja eine Aufgabe: Ich führe dich in unserem Museum herum. Schau mal, das ist schon der erste Raum. Und er ist sehr interessant!

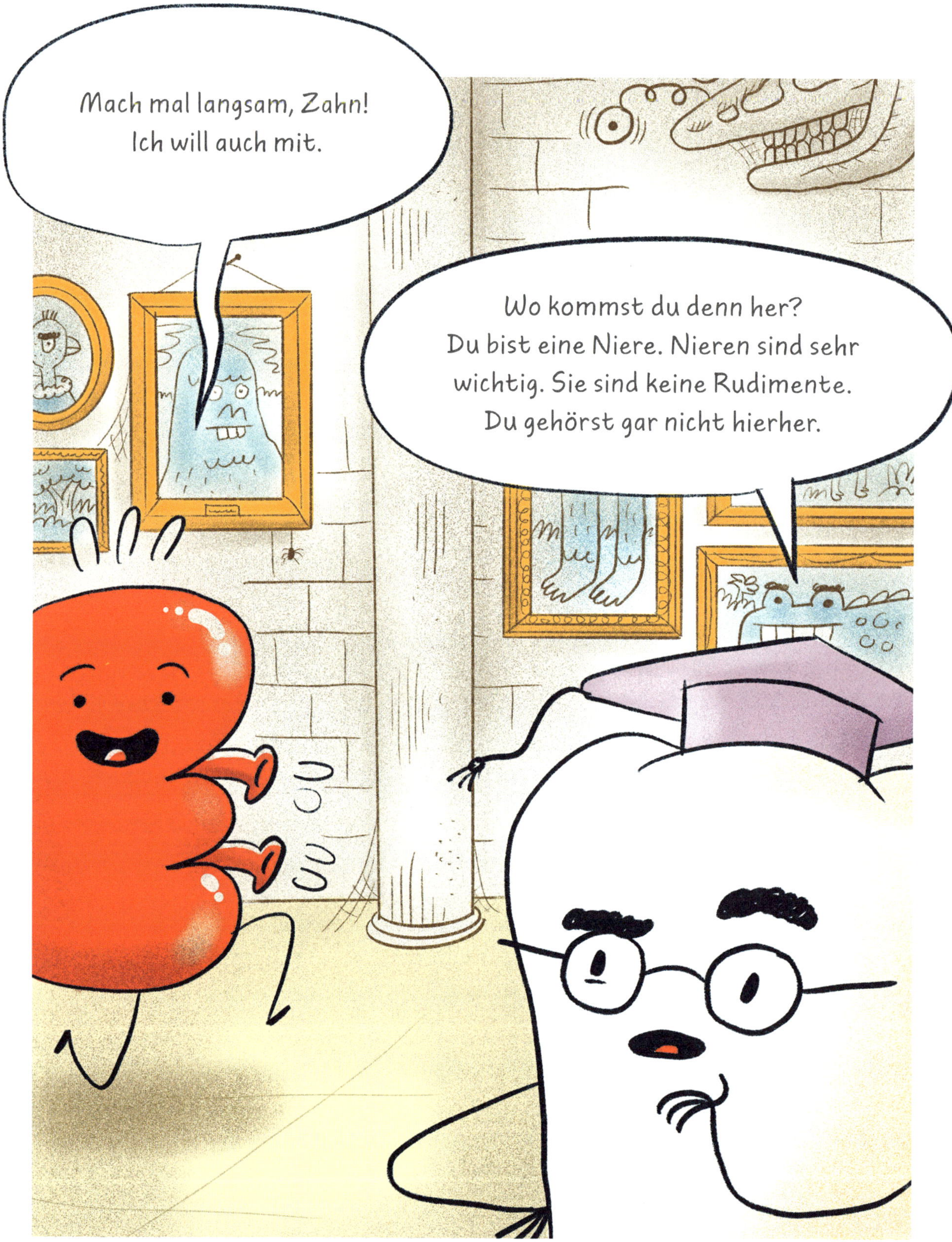
Mach mal langsam, Zahn! Ich will auch mit.
Wo kommst du denn her? Du bist eine Niere. Nieren sind sehr wichtig. Sie sind keine Rudimente. Du gehörst gar nicht hierher.

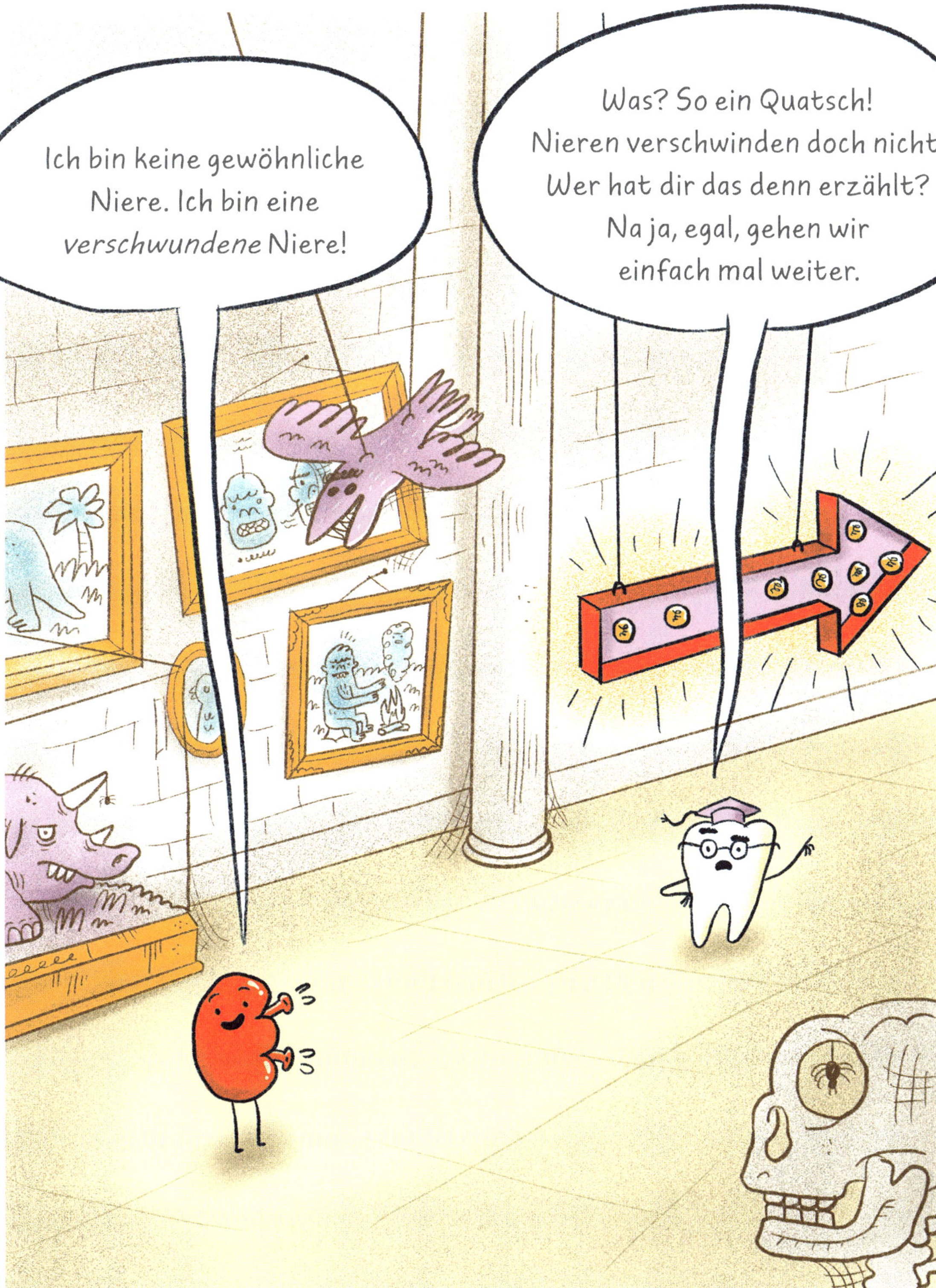
Ich bin keine gewöhnliche Niere. Ich bin eine *verschwundene* Niere!
Was? So ein Quatsch! Nieren verschwinden doch nicht. Wer hat dir das denn erzählt? Na ja, egal, gehen wir einfach mal weiter.

WEISHEITSZÄHNE

ICH WILL GANZ EHRLICH SEIN: Zähne sind einfach *faszinierend*. Es gibt sie in so vielen verschiedenen Größen und Formen. Scharfe Vorderzähne, dicke Backenzähne … Sie alle sind so schön und so stark! Und helfen ihren Besitzern zuverlässig, die unterschiedlichsten Nahrungsarten zu zerkleinern.

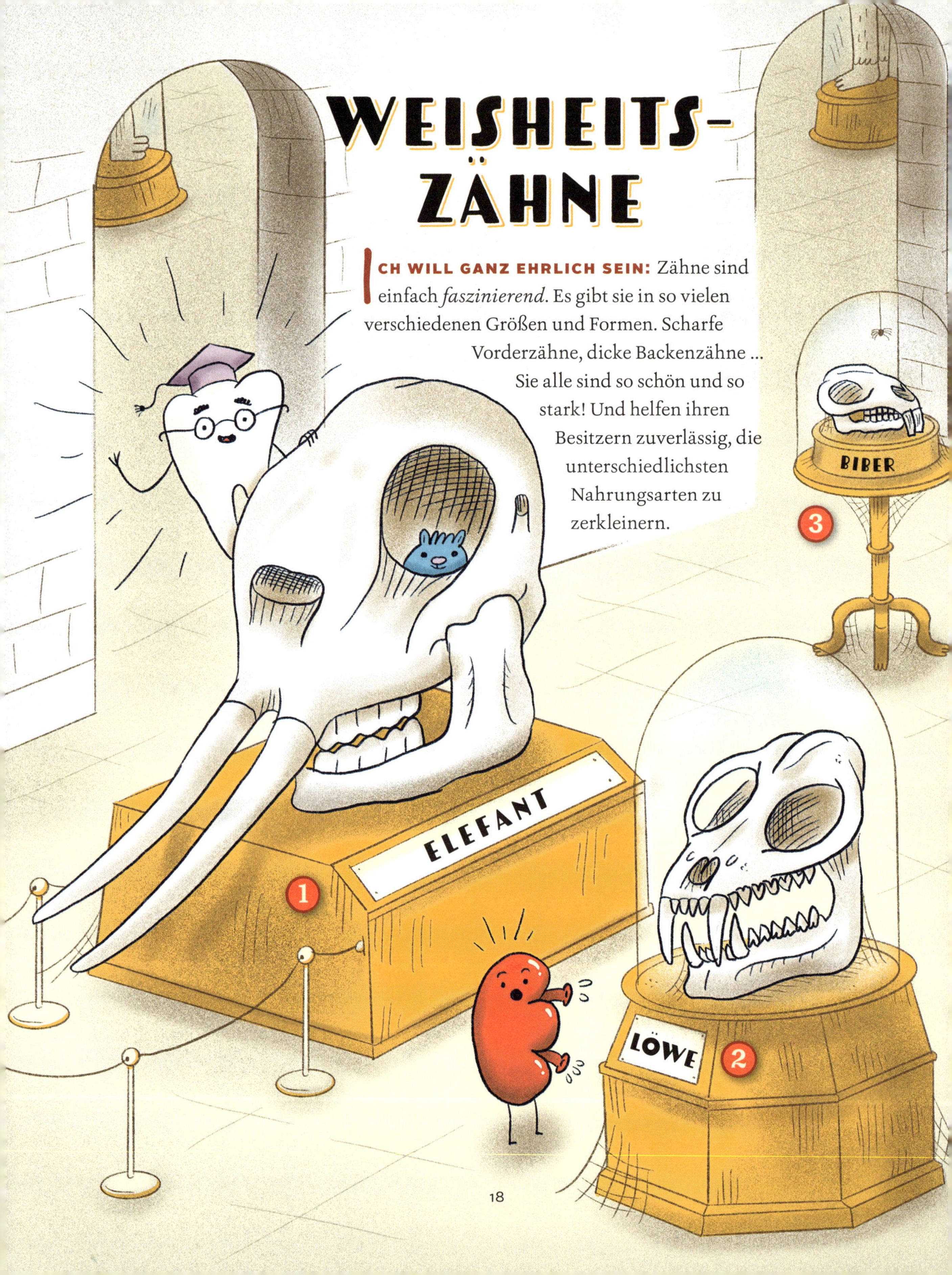

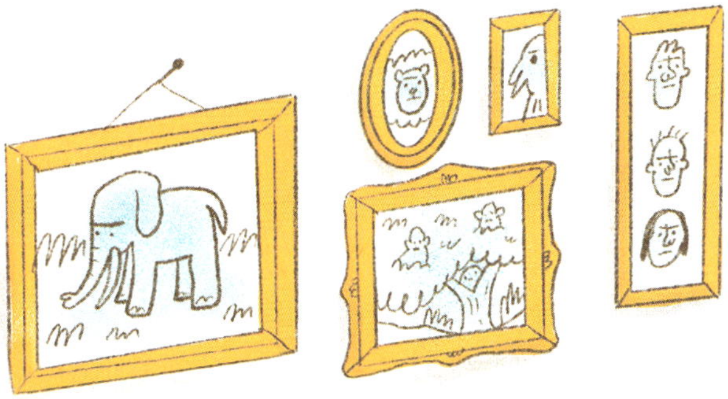

1

ELEFANT
Loxodonta africana
Riesige Backenzähne, die harte Pflanzenteile zermahlen.

2

LÖWE
Panthera leo
Lange spitze Eckzähne, die Beute packen und Fleisch zerreißen.

3

BIBER
Castor fiber
Scharfe Schneidezähne zum Annagen von Bäumen und breite Backenzähne zum Zermalmen harter Pflanzenteile.

Was ist eigentlich mit *deinen* Zähnen? Ich weiß nicht, wie alt du bist, und deshalb kann ich auch nicht wissen, wie viele Zähne du gerade hast. Babys haben normalerweise gar keine. Im Alter von zwei bis fünf Jahren besitzen Menschenkinder gewöhnlich 20 schneeweiße **Milchzähne**.

Ab sechs verliert ihr Menschen sie meist. Sie fallen einzeln aus und werden durch die bleibenden Zähne ersetzt. Später gesellen sich dann die hinteren **Backenzähne** hinzu. Das sind große, flache Zähne mit breiter Kaufläche. Im Alter von neun Jahren habt ihr vier davon, bis zum 14. Lebensjahr erscheinen vier weitere. Und bis zum Alter von 25 Jahren habt ihr nochmals vier hinzubekommen. Somit besitzt ein Erwachsener 32 Zähne – davon sind zwölf Backenzähne.

Die letzten vier sind ganz besondere Zähne, denn sie sind meine Geschwister: die Weisheitszähne. Sie heißen so, weil Menschen in diesem Alter ziemlich klug und vernünftig sein sollten – mit anderen Worten: weise. Allerdings können wir vier hintersten Backenzähne auch viel Ärger machen.

Manchmal wachsen wir schief und drücken auf die anderen Zähne. Oder unsere Wurzeln bohren sich zu tief in den Kiefer hinein. Daher ziehen manche Zahnärzte uns Weisheitszähne schon lieber vorher, bevor wir Probleme bereiten können.

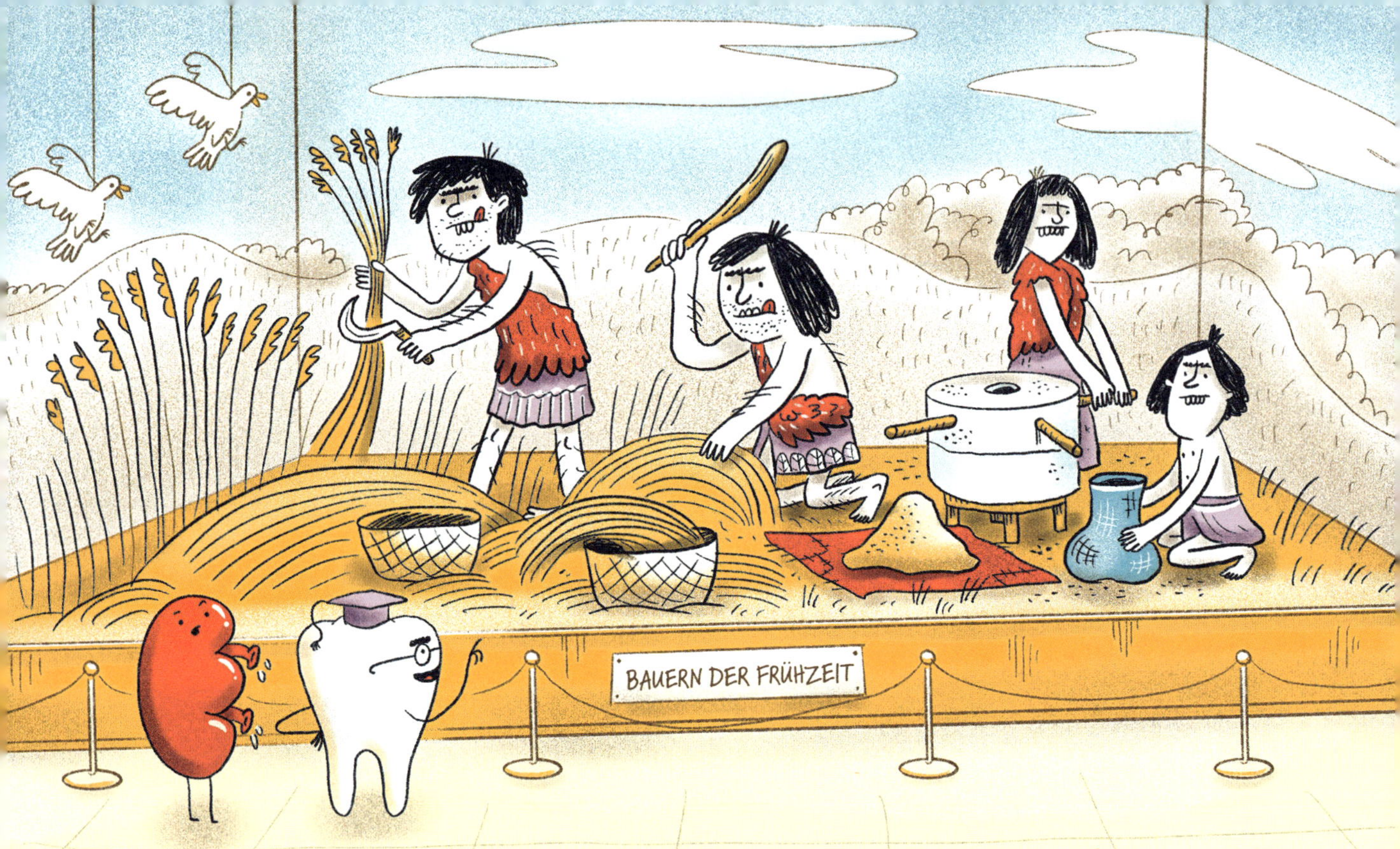

Doch sind wir Weisheitszähne gar nicht wirklich schuld an den Problemen, die wir verursachen. Vielmehr sind die Kiefer erwachsener Menschen oft zu kurz und bieten uns daher keinen Platz. Das ist doch verrückt! Bei allen anderen Wirbeltieren, also Säugetieren, Reptilien, Amphibien und Fischen, ist im Kiefer Platz genug für alle Zähne. Manche Tiere wechseln ihr Leben lang die Zähne, wie etwa Haie. Bei anderen, wie den Bibern, wachsen die Zähne lebenslang nach. Menschen sind die einzigen Lebewesen, bei denen nicht alle Zähne in den Mund passen!

Allerdings ist dieses Problem erst vor ungefähr 14 000 Jahren aufgetreten. Davor lebten Menschen, die im Mund ausreichend Platz für 32 Zähne hatten. Was also ist passiert? Die Menschen mussten nicht mehr so viel kauen! Kannst du dir das vorstellen?

Es fing damit an, dass deine frühen Vorfahren dazu übergingen, Samen von Wildgräsern zu sammeln, um sie auszusäen. Sie ernteten die Getreidekörner, zermahlten sie zu Mehl und kochten sich aus dem Mehl Brei oder backten daraus Brot. Beides war weich – so wurden die hintersten Backenzähne nicht mehr gebraucht und die Kiefer verkürzten sich.

Ackerbau und Kochen

Vor ungefähr 10 000 Jahren kamen die Menschen, die im sogenannten fruchtbaren Halbmond im Nahen Osten lebten, auf die Idee, Samen von Wildpflanzen zu sammeln und auszusäen. Davor hatten die Menschen überwiegend von der Jagd sowie vom Sammeln von Früchten und essbaren Pflanzen gelebt und mussten daher immer weiterziehen. Der Ackerbau ermöglichte ihnen, an einem Ort zu bleiben, Nahrungsmittel zu lagern und Dörfer zu bauen.

ihre Zähne mit weichem Zeug zu ruinieren

Bevor die Menschen zu Bauern wurden und sich weiches Essen zubereiteten, ernährten sie sich von Nüssen, zähem Fleisch und faserigen Wurzeln. Um diese Nahrung zerkleinern zu können, brauchten sie kräftige Kiefer und eine machtvolle Kaumuskulatur. Kaumuskeln sind wie alle anderen Muskeln: Je öfter man sie benutzt, desto stärker werden sie. Dasselbe gilt für die *Kiefer.* Wenn Kinder nur harte, zähe Sachen essen, lässt das anstrengende Kauen ihre Kiefer dicker und *länger* werden. Je mehr sie kauen, desto kräftiger werden ihre Kiefer.

Doch jemand, der von Rührei und Waffeln lebt, benötigt keine langen kräftigen Kiefer. Deshalb werden die Kiefer heutiger Menschen nicht mehr so lang, wie sie werden könnten. Und so passen auch nicht mehr alle Zähne hinein.

Forschende meinen allerdings, dass Kinder, die fleißig auf zähem Essen herumkauen, Kiefer bekommen, in die alle ihre Zähne hineinpassen, sogar die Weisheitszähne. Willst du es ausprobieren? Na ja, wahrscheinlich nicht.

Jetzt weißt du also, warum ich im Museum für unnütze Körperteile gelandet bin. Eure Kaugewohnheiten änderten sich, daher braucht ihr mich nicht mehr. Das bedeutet aber nicht, dass ich einfach so verschwinde. Wie schon gesagt: Wir Rudimente können über Millionen von Jahren bestehen bleiben.

Nun gehen wir weiter, zu den Tausenden kleiner Muskeln in deiner Haut. Forschende bezeichnen sie als *Musculi arrectores pilorum*, doch ich nenne sie am liebsten Gänsehautmuskeln!

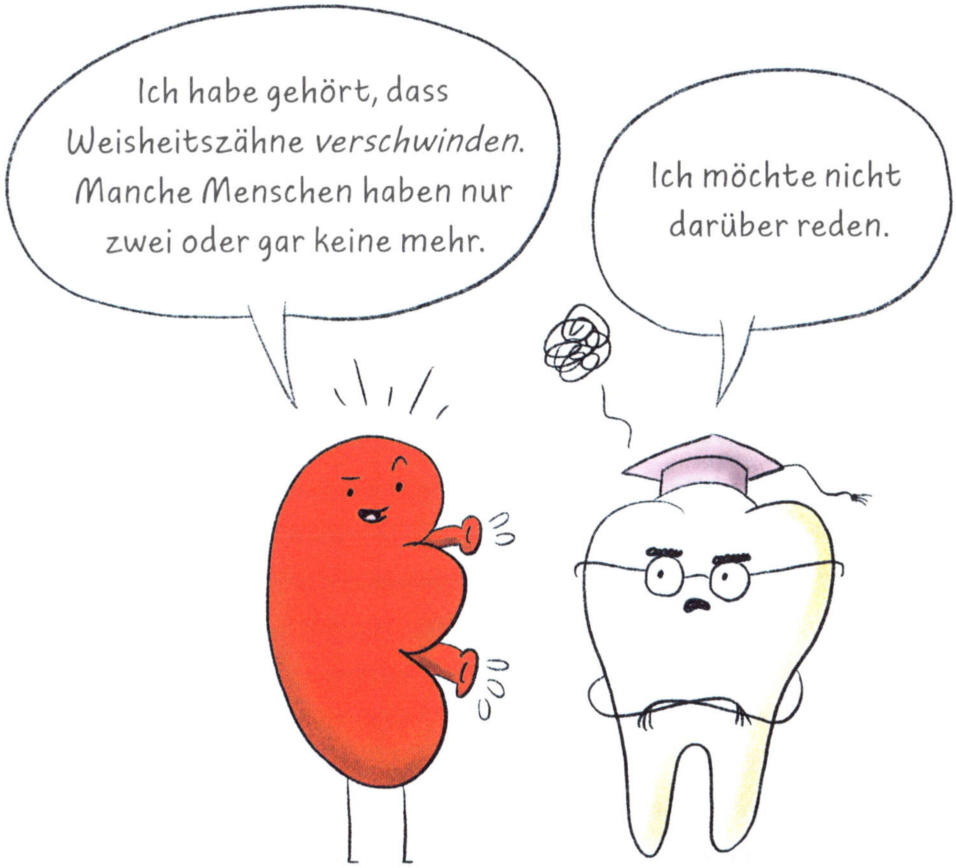

Liebe deine Überbleibsel

Wie viele Weisheitszähne hast du?

Sie bilden sich erst ab dem Alter von sieben Jahren und ab dem Alter von neun Jahren sind sie auf Röntgenaufnahmen sichtbar. Starte eine kleine Umfrage und frage zehn Erwachsene, wie viele Weisheitszähne bei ihnen herausgekommen sind. Ich wette, dass du auf mindestens einen triffst, der weniger als vier Weisheitszähne bekommen hat.

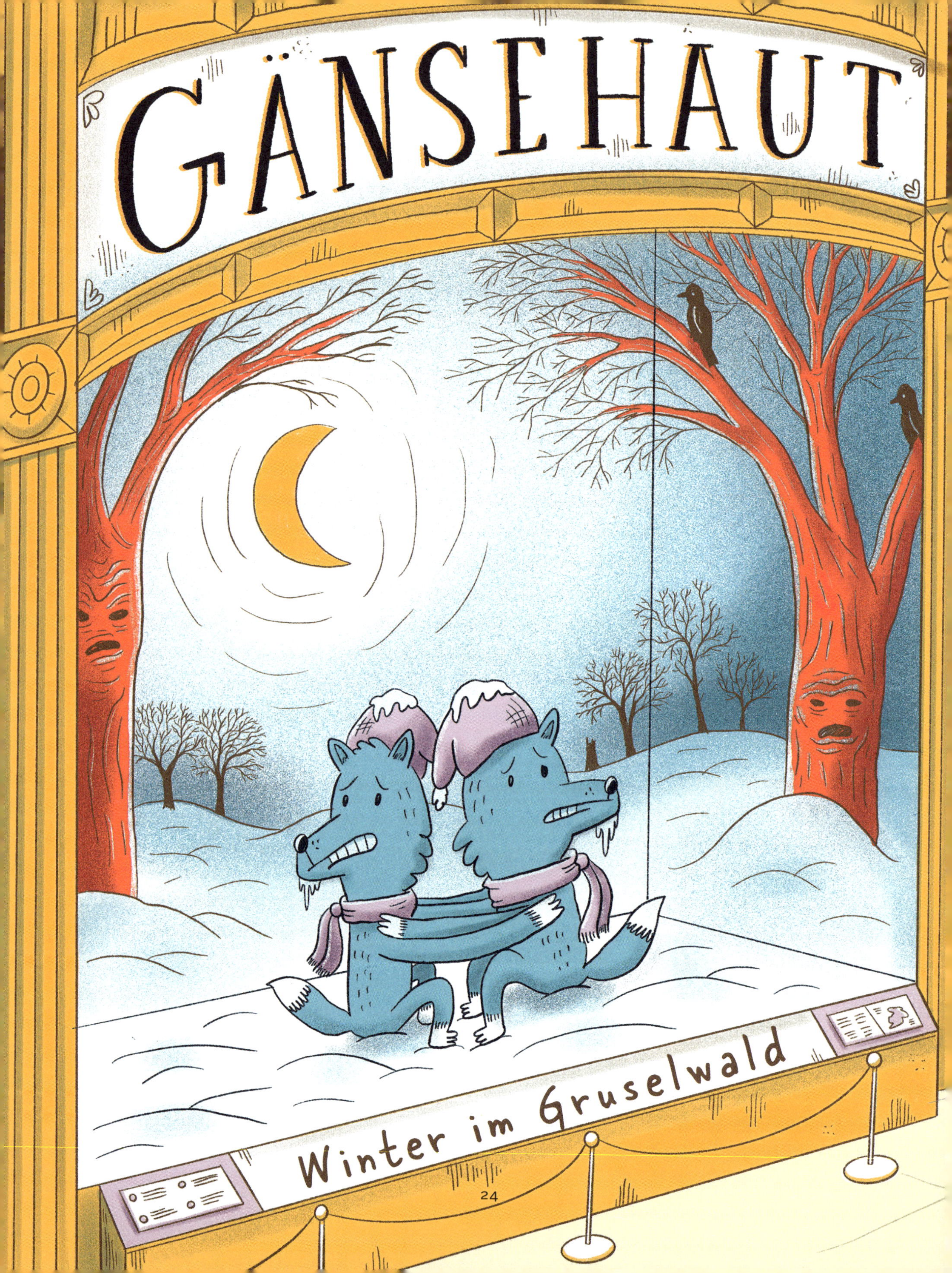
GÄNSEHAUT
Winter im Gruselwald

Gänsehaut. Das kennst du bestimmt: Wenn du frierst, Angst hast oder wunderschöne Musik hörst, bekommst du auf den Armen viele kleine Hubbel und die Härchen richten sich auf.

Weißt du warum? Das ist so, weil du ein **Säugetier** bist und die meisten Säugetiere ein Fell besitzen. Ihr Menschen habt zwar keines mehr, aber trotzdem seid ihr Säugetiere geblieben und euer Körper verhält sich so, als ob ihr noch ein Fell hättet.

Schauen wir uns mal einen Fuchs an. Wenn er friert, ziehen sich kleine Muskeln um seine einzelnen Haare zusammen, sodass die Haare gerade von der Haut abstehen. Dadurch entsteht zwischen Haut und Haaren ein Hohlraum, der sich durch die Körperwärme aufheizt. Das dicke Fell verhindert, dass die Wärme entweicht. Mit gesträubtem Fell hat es der Fuchs kuschelig warm. Es ist, wie wenn du dir unter deiner Jacke noch einen dicken Pulli anziehst.

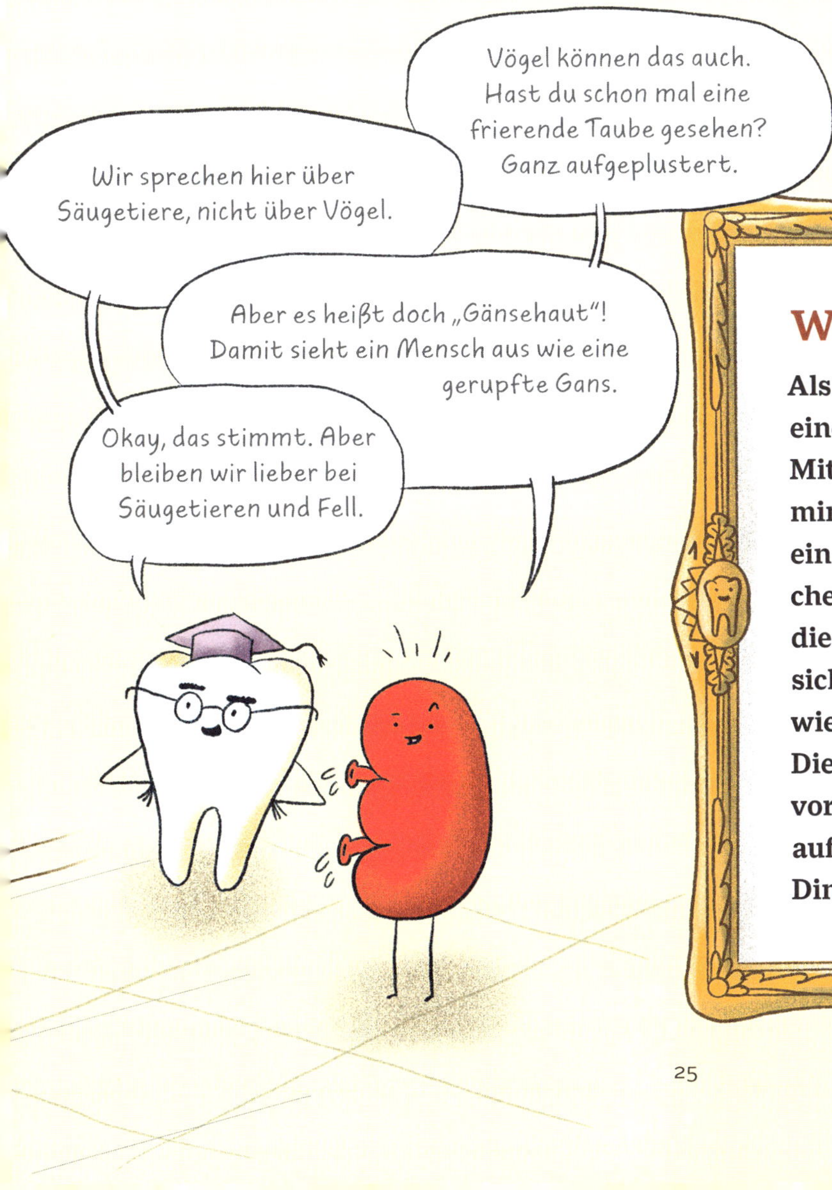

Was ist ein Säugetier?

Als Säugetiere bezeichnet man eine Gruppe von Tieren, die drei Mittelohrknochen besitzen, zumindest zeitweise in ihrem Leben ein Fell haben und deren Weibchen die Jungen säugen. Durch diese Merkmale unterscheidet sich diese Gruppe von anderen, wie den Reptilien oder Vögeln. Die frühesten Säugetiere traten vor etwa 200 Millionen Jahren auf, also noch zu Lebzeiten der Dinosaurier.

Auch wenn ein Säugetier erschrickt oder Angst hat, stellen sich ihm die Haare auf. Hast du schon einmal eine erschrockene Katze oder einen knurrenden Hund gesehen? Mit gesträubtem Fell sieht ein Tier gleich viel größer und bedrohlicher aus.

Die Evolution nahm den Menschen das Fell weg, doch die Gänsehautmuskeln sind geblieben. Sie mögen zwar klein sein, aber sie geben nicht auf! Wenn du frierst oder heftige Gefühle empfindest, machen sie sich an die Arbeit und richten deine übrig gebliebenen Haare ebenso steil auf, wie sie es bei einem Fuchs tun würden. Dadurch wird dir zwar nicht wärmer und du siehst damit auch nicht größer und furchterregender aus. Dennoch erfüllen die tapferen kleinen Muskeln brav ihre Aufgabe.

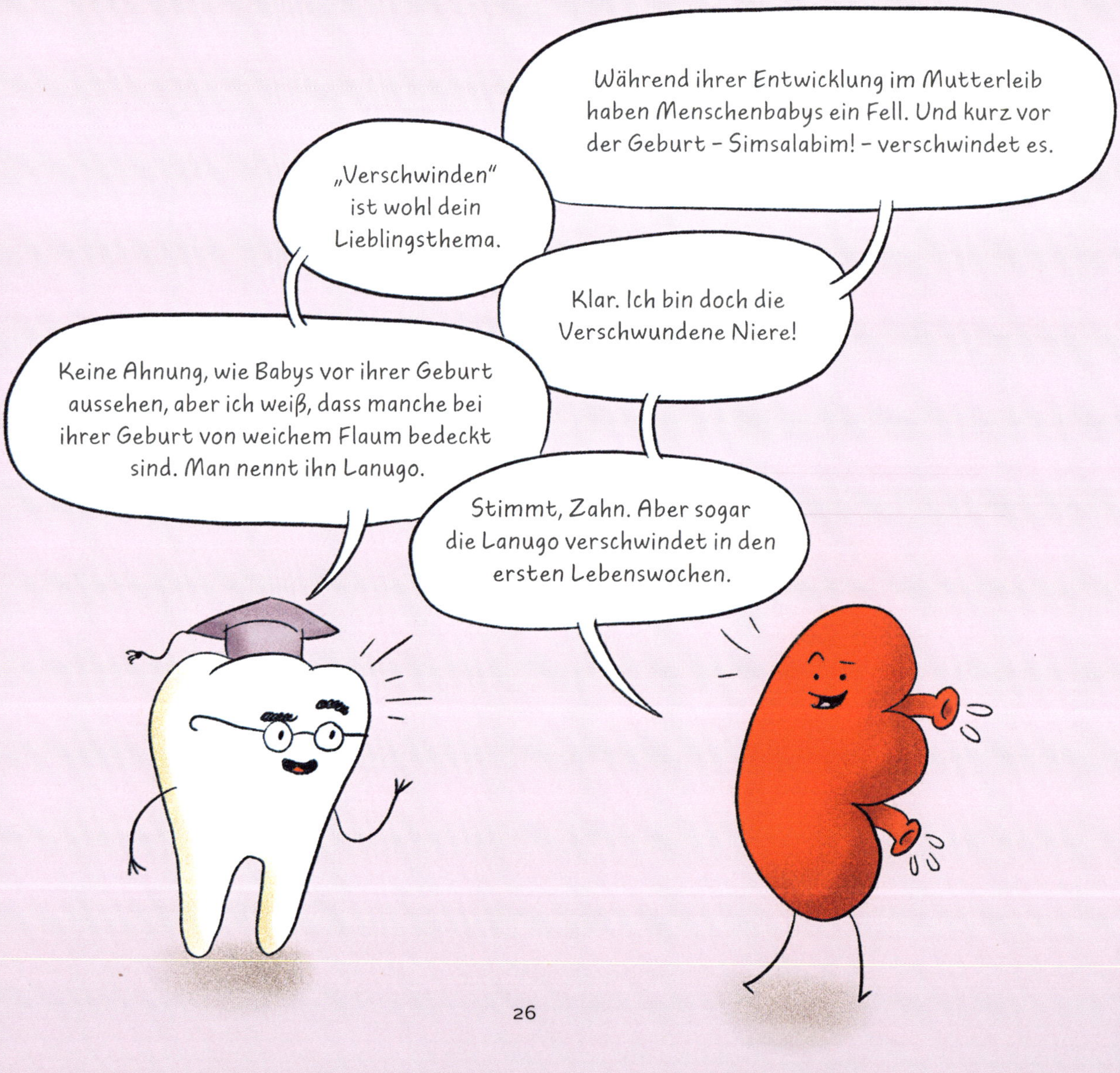

Sahen sie wirklich so aus?

Selbst Forschende wissen nicht genau, wie die Wesen aussahen, die vor langer, langer Zeit lebten. Doch anhand versteinerter Knochen und anderer Fossilien versuchen sie, deren Körper nachzubauen. Häufig werden von einer Art oder Gattung nur ein paar wenige Knochen gefunden. Dann setzen die Forschenden all ihre Kreativität und ihr Wissen um verwandte Arten ein, um zu rekonstruieren, wie das ausgestorbene Tier ausgesehen hat.

Aber warum hat die Evolution den Menschen das Fell weggenommen? Ein Fell ist etwas Herrliches. Es wärmt, es schützt, es ist seidig und fluffig zugleich. Es kann zur **Tarnung** gestreift oder getupft sein. Vor einigen Millionen Jahren besaßen deine Vorfahren noch ein anständiges Fell. Du dagegen siehst ohne Kleider irgendwie nackt aus. Was ist passiert?

Ich muss ehrlich zugeben, dass ich es auch nicht so genau weiß. Aber vielleicht finden wir die Antwort im Großen Hominini-Saal.

LIEBE DEINE ÜBERBLEIBSEL

Auf wie viele Arten kannst du bei dir selbst Gänsehaut auslösen?

Hier ein paar Ideen: kalt baden, die Arme mit Eiswürfeln abreiben, unheimliche Geräusche oder sehr schöne Musik anhören. Außerdem: eine Kopfmassage bekommen, saure Zitronenlimo trinken, spannende Abenteuergeschichten hören oder lesen, mit einem Fingernagel über die Tafel kratzen …

GROSSER HOMININI-SAAL

WILLKOMMEN IM Großen Hominini-Saal! Es gibt so viele Arten der Hominini – mindestens 20, vielleicht aber auch mehr. Die **Hominini** stellen in deinem Stammbaum eine besondere Gruppe dar. Zu ihnen zählen sämtliche Menschen aller Zeiten sowie all ihre menschenähnlichen Vorfahren.

Die Hominini hier sind vielleicht gar nicht deine Vorfahren – noch weiß man nicht genau, welche Art sich wann aus welcher anderen entwickelt hat. Aber deine direkten Vorfahren ähnelten ihnen sehr.

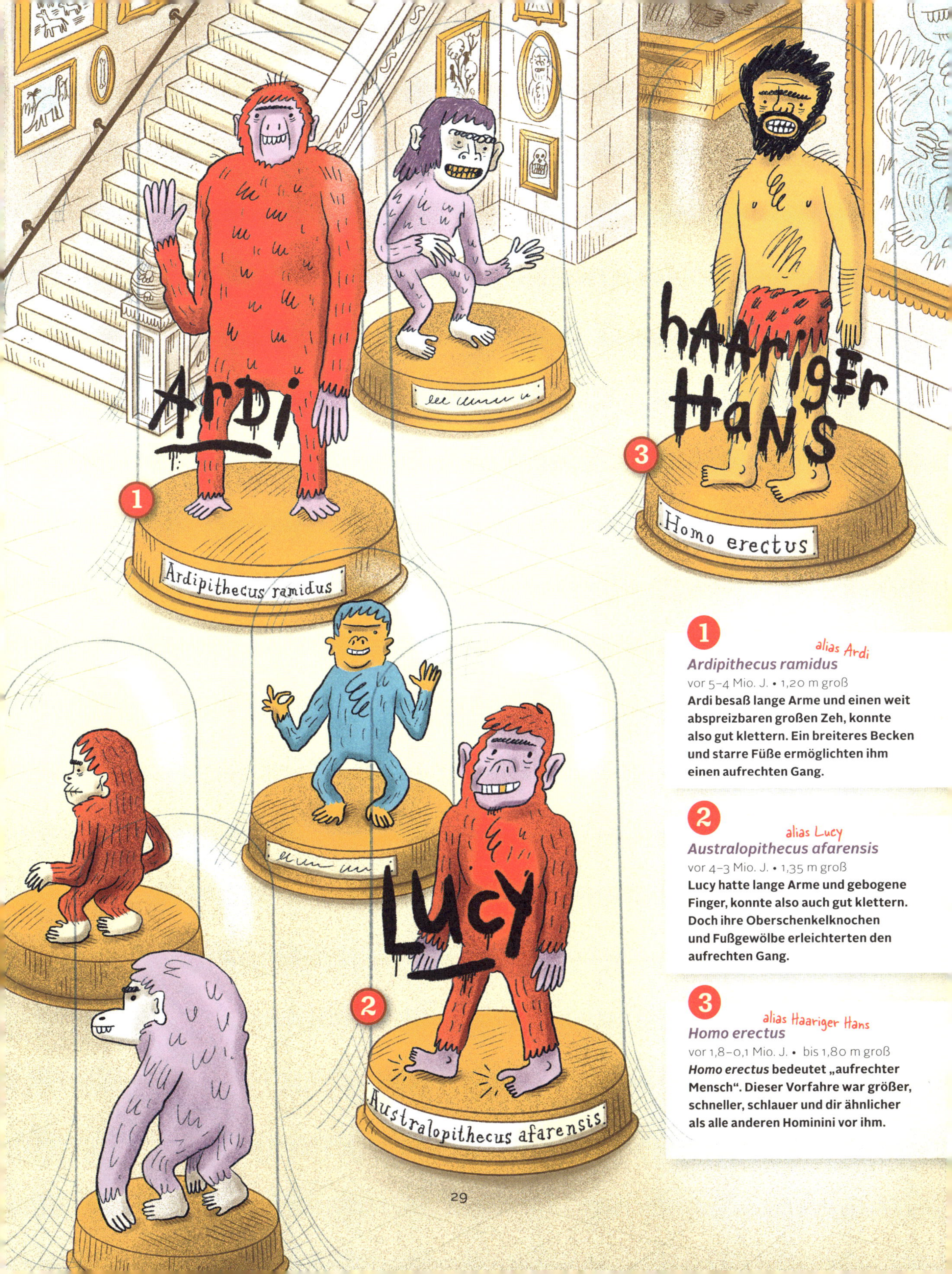

1

alias Ardi

Ardipithecus ramidus

vor 5–4 Mio. J. • 1,20 m groß

Ardi besaß lange Arme und einen weit abspreizbaren großen Zeh, konnte also gut klettern. Ein breiteres Becken und starre Füße ermöglichten ihm einen aufrechten Gang.

2

alias Lucy

Australopithecus afarensis

vor 4–3 Mio. J. • 1,35 m groß

Lucy hatte lange Arme und gebogene Finger, konnte also auch gut klettern. Doch ihre Oberschenkelknochen und Fußgewölbe erleichterten den aufrechten Gang.

3

alias Haariger Hans

Homo erectus

vor 1,8–0,1 Mio. J. • bis 1,80 m groß

***Homo erectus* bedeutet „aufrechter Mensch". Dieser Vorfahre war größer, schneller, schlauer und dir ähnlicher als alle anderen Hominini vor ihm.**

Die Körper dieser Hominini verraten einiges über ihre Lebensweise. Mit den langen Armen und biegsamen Füßen konnte Ardi sehr gut an Ästen schwingen und auf Bäume klettern. Lucys Füße eigneten sich gut, um am Boden längere Strecken zurückzulegen. Vermutlich aber verbrachte auch sie viel Zeit in Bäumen. Der Haarige Hans sah schon ein bisschen so aus wie heutige Menschen, hatte aber viel mehr Haare. Seine Beine und Füße waren an das aufrechte Gehen angepasst, seine Arme waren nicht länger als die deines Sportlehrers.

Warum laufen, wenn man schwingen kann?

Warum verließen die Vorfahren der Menschen die Bäume, in denen sie doch sicher gewesen waren? Es könnte sein, dass es damals große Klimaschwankungen mit heißen und kalten Phasen gab. In den heißen Phasen gediehen üppige Urwälder voller Früchte. In den kalten und trockenen Phasen schrumpften die Wälder, Grasland breitete sich aus und Nahrung wurde knapp.

Vielleicht wurden deine Vorfahren von größeren Menschenaffen aus den Wäldern vertrieben. Oder sie mussten auf der Nahrungssuche weit wandern und dabei einen Stock, ein kleines Kind oder einen Korb voller Früchte tragen. Oder sie konnten herannahende Fressfeinde besser sehen, wenn sie aufrecht liefen und standen. Genaueres aber ist noch nicht bekannt.

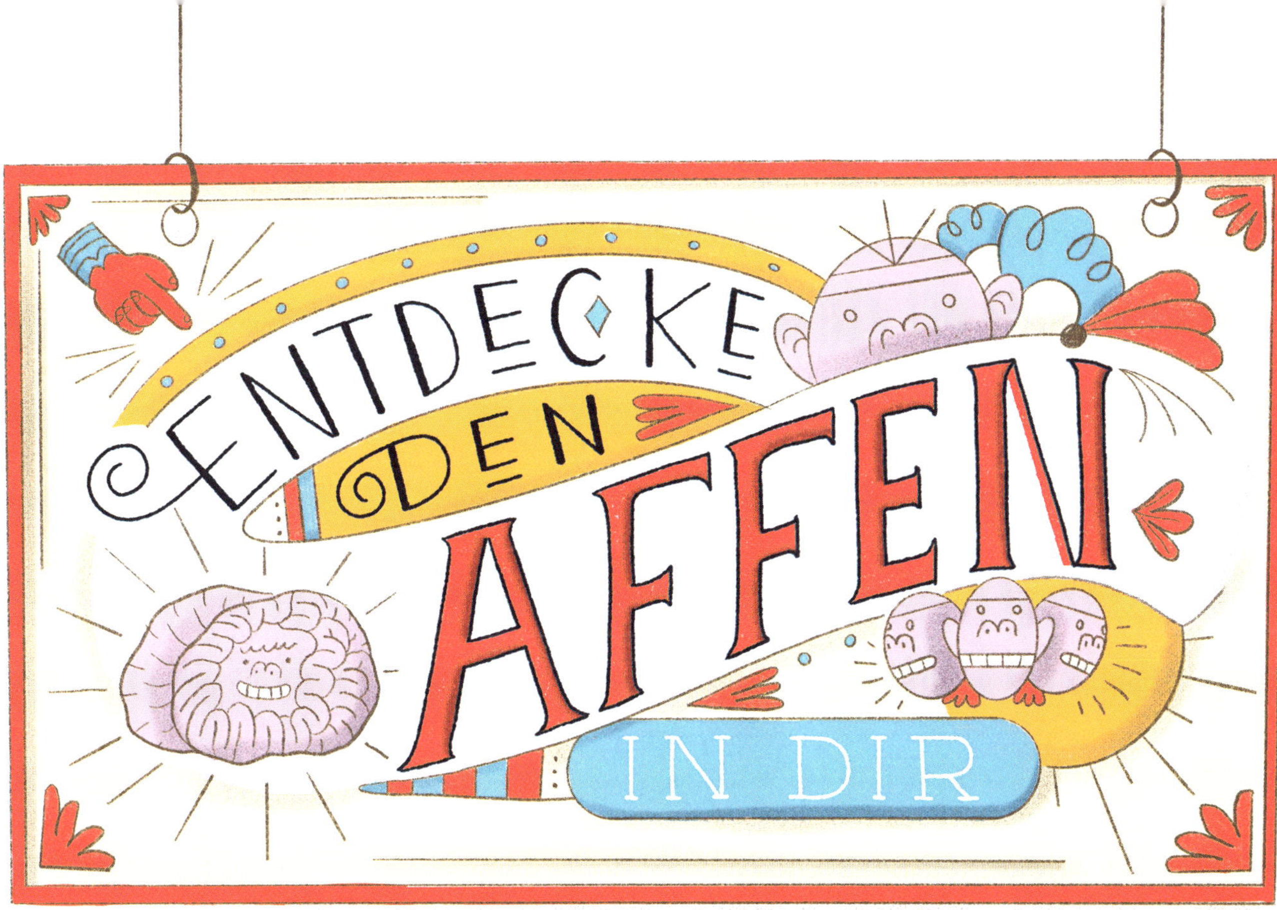

Eine kurze Zusammenfassung der Evolution des Menschen gefällig? Die affenähnlichen Vorfahren lebten überwiegend auf Bäumen. Im Laufe der folgenden Jahrmillionen aber gewöhnten sie sich an, mehr und mehr Zeit unten am Boden zu verbringen, bis sie eines Tages nicht mehr auf die Bäume zurückkehrten. Das war eine beträchtliche Veränderung!

Tiere, die auf Bäumen leben, wie Faultiere, Orang-Utans oder Koalas, haben einen anderen Körperbau als Tiere, die am Boden leben. Als deine Vorfahren dazu übergingen, am Boden zu bleiben, mussten sich ihre Körper anpassen. Ihre Füße wurden starrer, sodass sie auch längere Strecken zu Fuß zurücklegen konnten. Sie verloren ihre Affenzehen. Die Arme wurden kürzer und das Fell verschwand. Aber keine Angst! Dir bleiben trotzdem noch viele Affenüberreste erhalten. Der ganze Flügel, der sich an diesen Saal anschließt, ist dem Affen in deinem Inneren gewidmet.

AFFEN-MUSKELN

DU HAST IMMER NOCH Affenmuskeln. Zumindest manche Menschen haben sie noch. Da wäre ein kleiner Unterarmmuskel aus der Zeit, als Affen noch auf allen vieren liefen: *Musculus palmaris longus*. Jeder fünfte Mensch hat ihn schon nicht mehr. Weil er so winzig ist, hat er keinerlei Einfluss darauf, wie viel Kraft man im Arm hat.

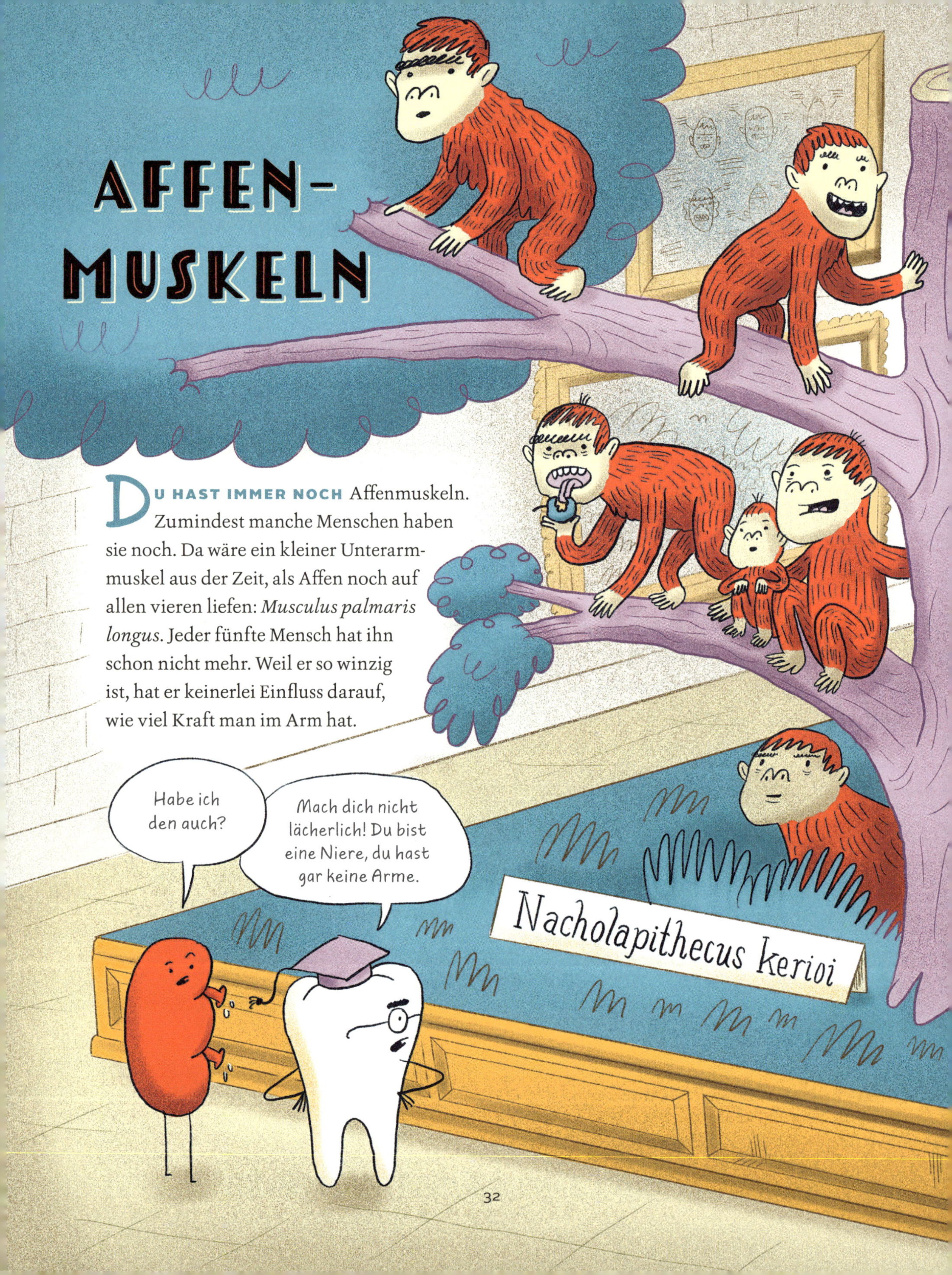

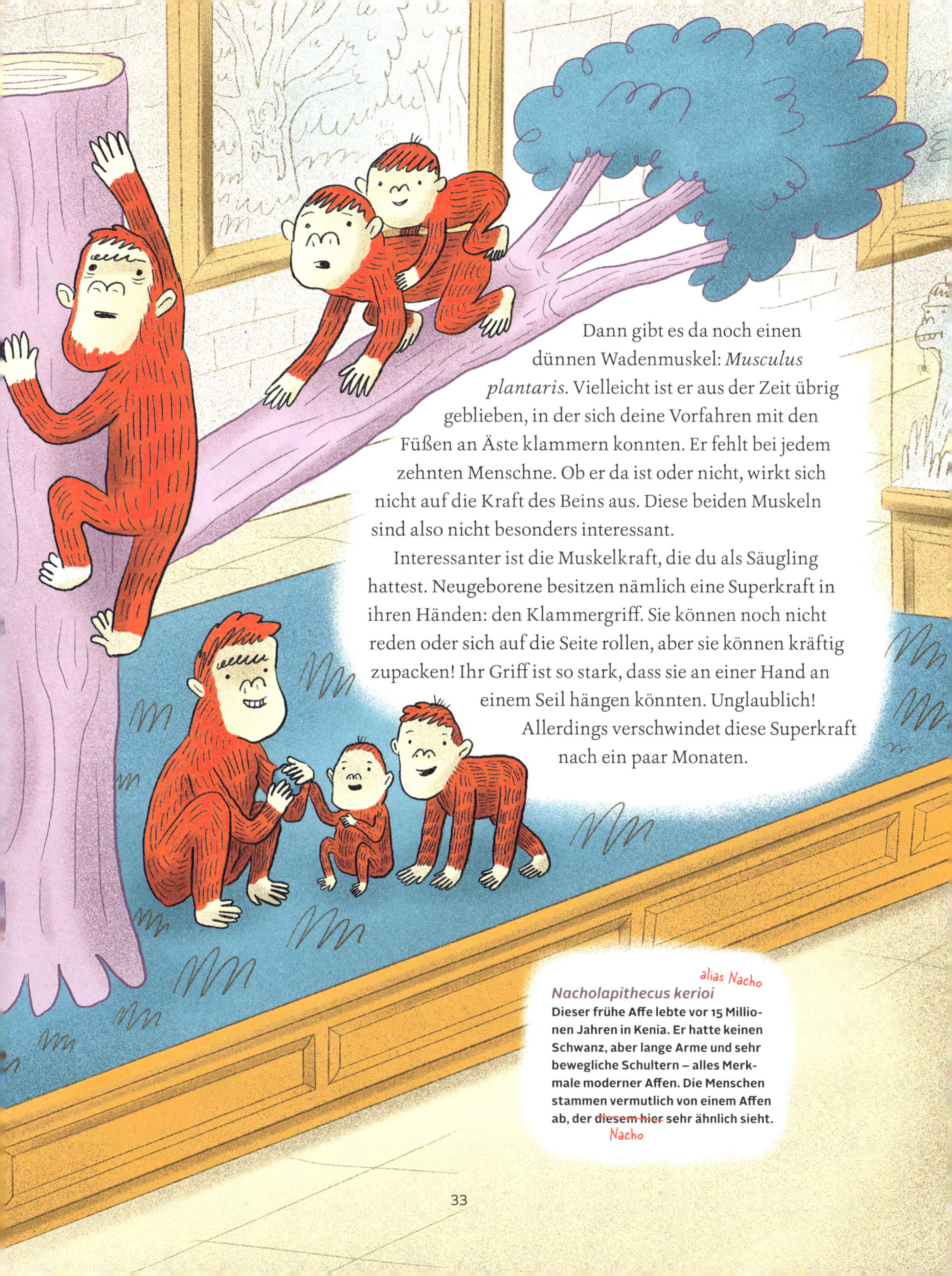

Dann gibt es da noch einen dünnen Wadenmuskel: *Musculus plantaris*. Vielleicht ist er aus der Zeit übrig geblieben, in der sich deine Vorfahren mit den Füßen an Äste klammern konnten. Er fehlt bei jedem zehnten Menschne. Ob er da ist oder nicht, wirkt sich nicht auf die Kraft des Beins aus. Diese beiden Muskeln sind also nicht besonders interessant.

Interessanter ist die Muskelkraft, die du als Säugling hattest. Neugeborene besitzen nämlich eine Superkraft in ihren Händen: den Klammergriff. Sie können noch nicht reden oder sich auf die Seite rollen, aber sie können kräftig zupacken! Ihr Griff ist so stark, dass sie an einer Hand an einem Seil hängen könnten. Unglaublich! Allerdings verschwindet diese Superkraft nach ein paar Monaten.

alias Nacho

Nacholapithecus kerioi

Dieser frühe Affe lebte vor 15 Millionen Jahren in Kenia. Er hatte keinen Schwanz, aber lange Arme und sehr bewegliche Schultern – alles Merkmale moderner Affen. Die Menschen stammen vermutlich von einem Affen ab, der ~~diesem hier~~ sehr ähnlich sieht.

Nacho

Liebe deine Überbleibsel

Hast du den *Musculus palmaris longus*? Lege deinen Unterarm mit der Handfläche nach oben auf eine Tischplatte. Bringe die Spitzen von Daumen und kleinem Finger zusammen und beuge die Hand in Richtung Arm. Wenn sich im Handgelenk ein seilartiges Band aufwölbt, hast du diesen Muskel.

Der Klammergriff ist ein **Reflex**. Reflexe sind Bewegungen, die der Körper ohne deinen Willen ausführt. Auch Gänsehaut ist ein Reflex: Deine Muskeln reagieren selbstständig auf Kälte. Bei dem Klammergriff verhält es sich ebenso: Die Neugeborenen denken nicht: „Ich muss mich mit meinem Händchen jetzt ganz, ganz festhalten." Sondern ihre Hände klammern sich automatisch um alles, was ihre Handfläche berührt. Dies kann ein Überbleibsel aus der Zeit unserer sehr frühen Vorfahren sein, als sich die Affenbabys fest an das Fell ihrer durch die Baumkronen turnenden Mütter klammerten.

Und es gibt noch ein wirklich verrücktes Affenmuskelerbe: das große Zucken. Bist du schon einmal ganz stark zusammengezuckt, als du gerade am Einschlafen warst? Dieses Zucken verhinderte bei deinen sehr frühen Vorfahren möglicherweise, dass sie vom Baum herunterfielen. Derart aufgeschreckt suchten sie sich eine bessere Position in den Ästen, bevor sie richtig einschliefen.

Kommen wir nun zu deinen Füßen. Natürlich sind deine Füße keine unnützen Körperteile, denn schließlich benutzt du sie jeden Tag. Doch die Evolution hat sich mit ihnen einen kleinen Scherz erlaubt.

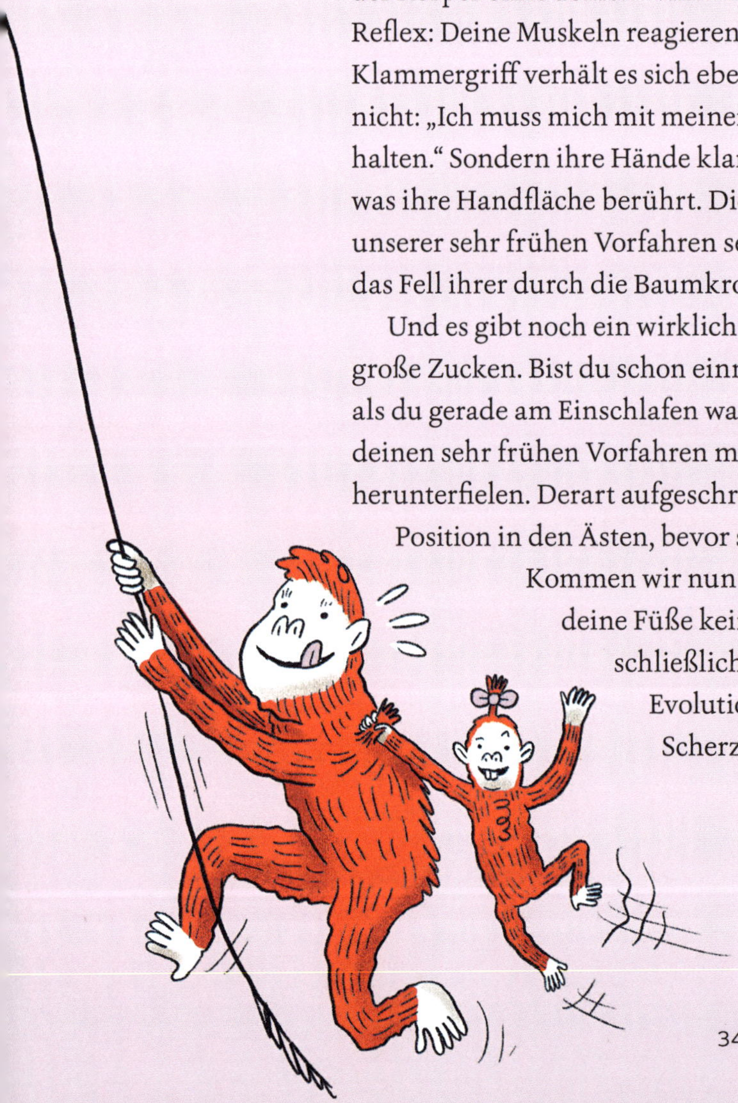

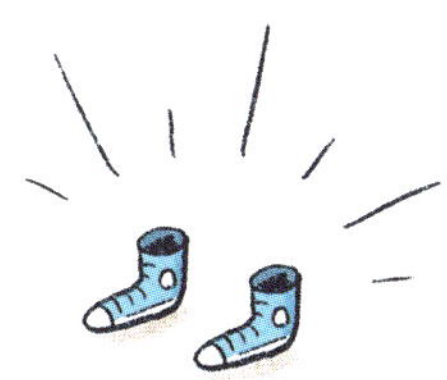

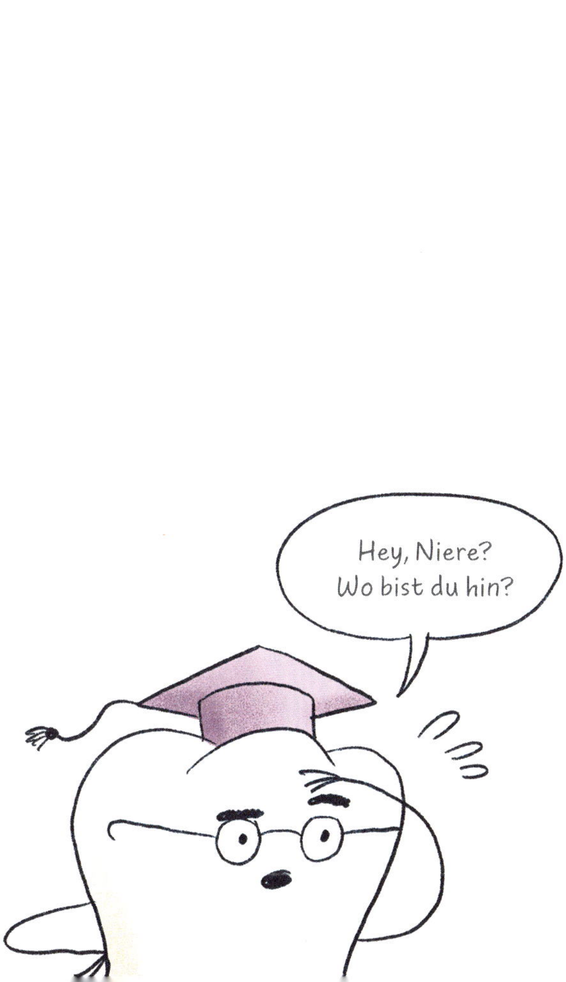
Hey, Niere?
Wo bist du hin?

AFFENMIX-FÜSSE

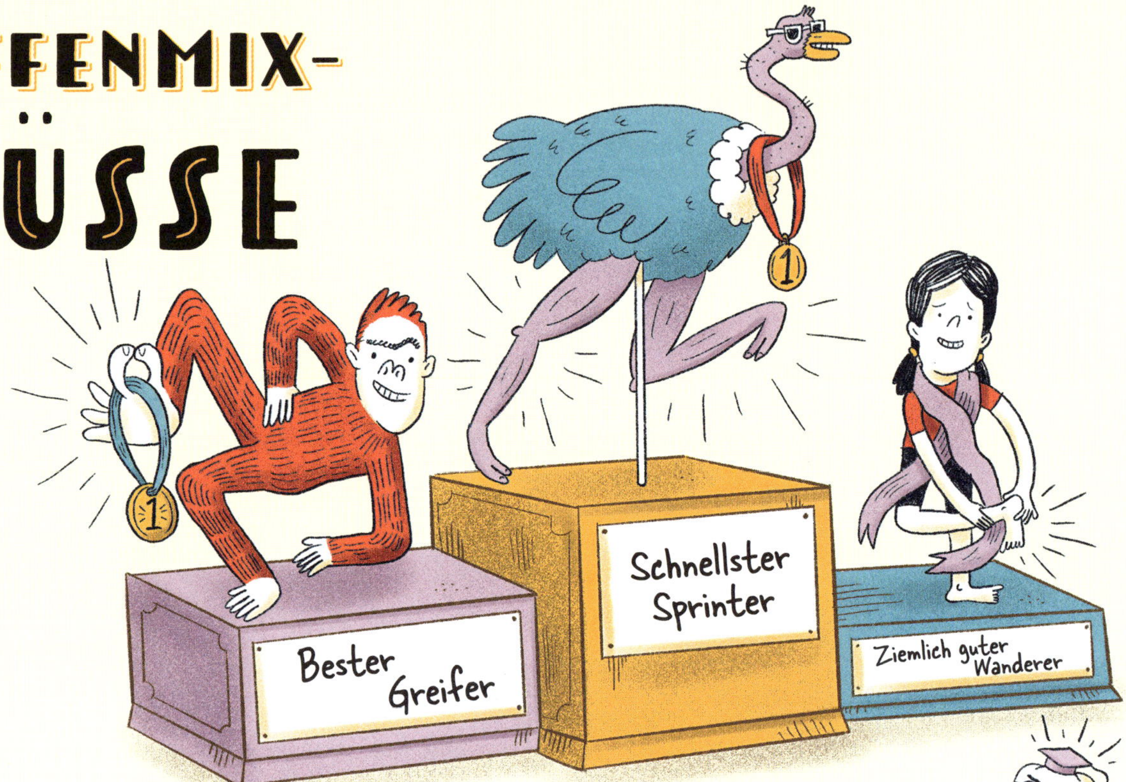

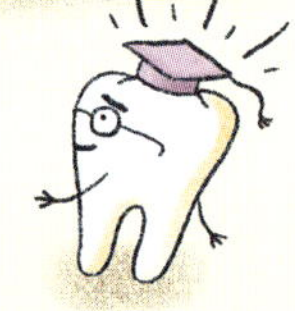

WUSSTEST DU SCHON, dass der Vogel Strauß ein hervorragender Sprinter und der schnellste Marathonläufer der Welt ist? Trotzdem verstaucht er sich nie die Knöchel und reißt sich auch nie die **Achillessehne**. Blasen bekommt er auch nicht. Warum das so ist? Weil *T. rex* sein Urururur…und-so-weiter-Großvater ist.

Okay, *Tyrannosaurus rex* ist kein direkter Vorfahre des Straußes, doch sowohl *T. rex* als auch der Strauß gehören einer sehr alten Gruppe von Tieren an, die man *Theropoden* nennt. Sie alle gingen und gehen noch heute auf zwei Beinen. Die ersten Theropoden lebten vor ungefähr 230 Millionen Jahren und alle ihre Nachfahren, von *T. rex* und den Raptoren bis zu unseren heutigen Vögeln, laufen auf zwei Beinen. Menschen sind erst seit ungefähr vier Millionen Jahren zweibeinig unterwegs. Das ist ein großer zeitlicher Unterschied.

Interessant dabei ist, dass Menschen und Vögel die einzigen Lebewesen sind, die heute auf zwei Beinen laufen. Natürlich können Hunde und Bären sich aufrichten und ein paar Schritte aufrecht gehend zurücklegen, doch nur Menschen und Vögel sind anerkanntermaßen **biped**, also zweibeinig, unterwegs. Und doch unterscheiden sich ihre Füße sehr stark voneinander.

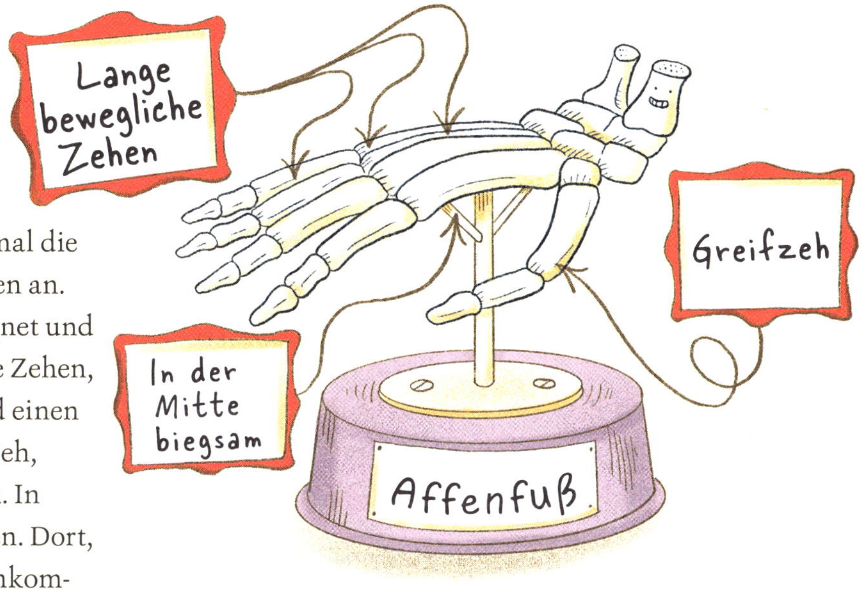

Schauen wir uns erst einmal die Füße deiner frühen Vorfahren an. Sie waren zum Greifen geeignet und hatten daher lange biegsame Zehen, kein starres Fußgewölbe und einen weit abspreizbaren großen Zeh, einen sogenannten **Greifzeh**. In jedem Fuß waren 26 Knochen. Dort, wo zwei Knochen zusammenkommen, befindet sich ein mehr oder weniger bewegliches Gelenk. Der Vorfahrenfuß besaß 33 Gelenke, sodass er in alle Richtungen super beweglich war und sich perfekt dazu eignete, Äste zu umklammern oder Früchte festzuhalten.

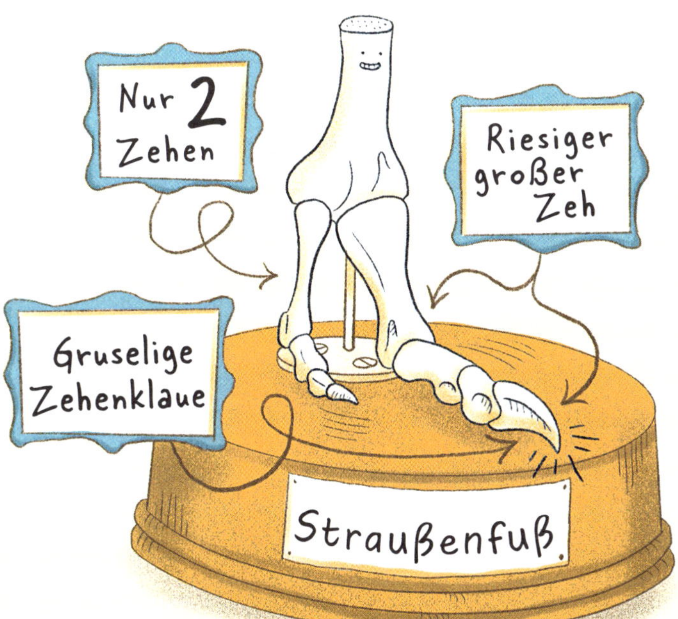

Und jetzt schauen wir uns den Fuß eines Straußes an. Er ist für schnelles Laufen gebaut. Der große Zeh, mit dem sich der stattliche Vogel vom Boden abstößt, verfügt über eine gewaltige Kralle. Außerdem besteht dieser Fuß aus nur *neun Knochen*! Das bedeutet, dass er zwar weniger beweglich, dafür aber wesentlich stabiler und kraftvoller ist als der Affenfuß. Ein perfekter Läuferfuß also! Wenn Forschende Fußprothesen für körperlich beeinträchtigte Sportler und Sportlerinnen entwerfen, denen ein Fuß fehlt, so orientieren sie sich dabei am Fuß des Straußes. Kraft, Elastizität, Stabilität – er weist all diese Eigenschaften auf.

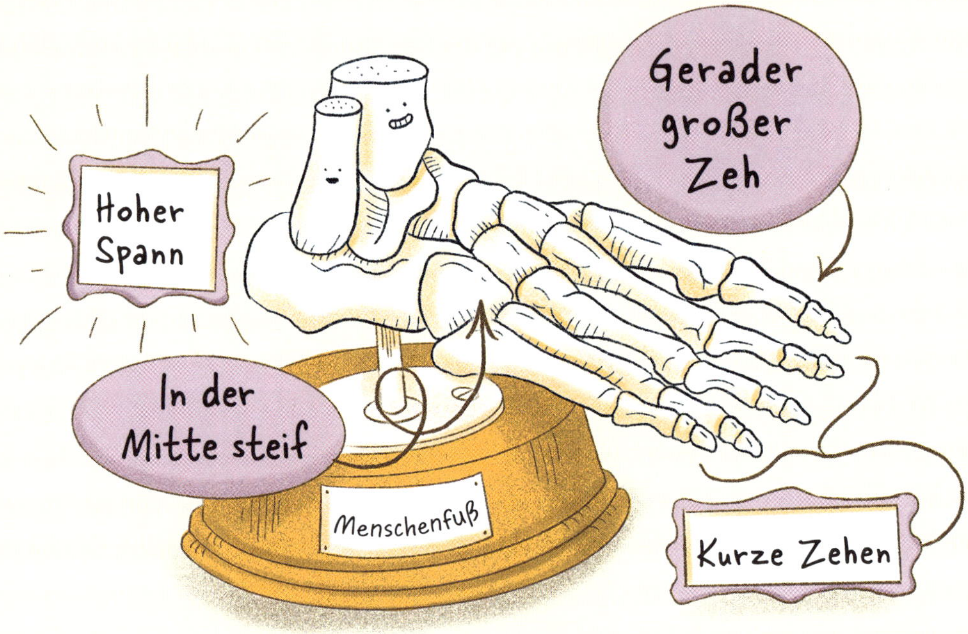

Und nun zu deinen Füßen. Damit du laufen kannst, müssen deine Füße starr, aber gleichzeitig federnd sein, so wie die des Straußes. Deine frühen Vorfahren aber hatten extra biegsame, weiche Affenfüße. Hat die Evolution hier schon alles verändert? Nein, ganz und gar nicht. Was du am Ende deiner Beine hast, sind weiche Affenfüße, die nur sehr notdürftig versteift sind. Fast so wie mit Klebeband und Büroklammern. So ungefähr musst du dir das vorstellen.

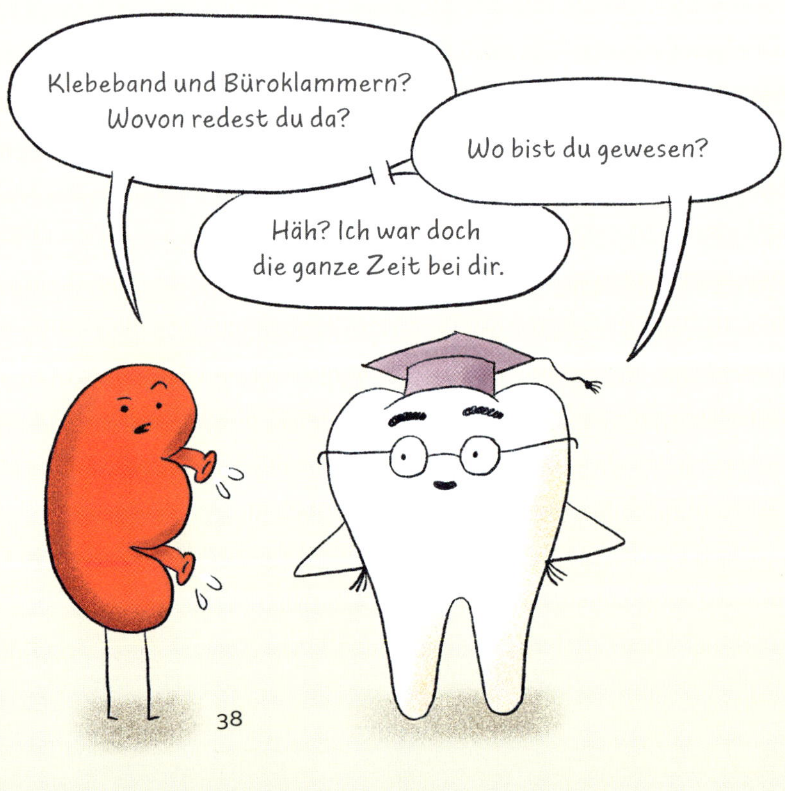

Dein Fuß enthält immer noch 26 Knochen und 33 Gelenke – und daher ist er super biegsam. Allerdings kamen im Laufe der Evolution über 100 Muskeln und Sehnen dazu. Sie festigen all diese Gelenke, sodass du dich mit deinen Füßen vom Boden abstoßen und schnell rennen kannst. Einleuchtend, dass ein Haufen kleiner Fußknochen niemals so stabil wie ein einziger kräftiger Knochen ist, oder? Und aus diesem Grund treten bei Menschen ständig verstauchte Knöchel, gerissene Sehnen, Hammerzehen und all die anderen Probleme auf, über die Vögel nur lachen können.

Keine Technikerin und kein Techniker würden einen derartigen Fuß entwerfen. Aber Evolution geht eben leider nicht schnell und so dauert es Hunderte von Jahrmillionen, bis Fehler ausgebessert sind oder Neues entstanden ist. Meistens lässt die Evolution das, was bereits da ist, größer oder kleiner, breiter oder schmäler werden.

Aber wie geht das überhaupt? Kann im Laufe der Zeit aus einem Baumklettererfuß ein Bodenläuferfuß werden? Wie verändern sich Körper? Das ist eine wirklich wichtige Frage, die eine ausführliche Antwort erfordert. Bist du bereit? Dann pass mal gut auf!

LIEBE DEINE ÜBERBLEIBSEL

Wie viel Affe steckt noch in deinem Fuß?

Kannst du mit den Zehen einen Stift halten und deinen Namen schreiben? Versuch mal, mit den Füßen einen Türknauf oder den Wasserhahn aufzudrehen.

NATÜRLICHE AUSLESE

WIE SIND AUS DEN Baumkletterern Marathonläufer geworden? Durch einen Prozess, den ich gern „kleine Unterschiede, große Veränderungen" nenne. So verläuft er:

Keine zwei Lebewesen sind *exakt* gleich – und das gilt auch für Menschen. Unzählige kleine Merkmale machen jeden Menschen einzigartig. Die Tatsache, dass alle Lebewesen ein bisschen verschieden sind, bezeichnet man als **genetische Variation**. Und all diese kleinen genetischen Unterschiede sind die Erklärung für große Veränderungen.

Nehmen wir an, vor Millionen Jahren hatte einer deiner Vorfahren *etwas* steifere Füße als seine Kumpels. Deshalb waren seine Chancen, einem Löwen zu entkommen oder weiter zu laufen, um nahrhafte Beeren zu finden, etwas größer. Und ebenso seine Chancen, so lange zu leben, dass er Kinder bekommen konnte, die ebenfalls etwas steifere Füße hatten. Möglicherweise wurden in dieser Familie die Füße von Generation zu Generation immer noch etwas steifer, was die Überlebensaussichten der Nachkommen laufend verbesserte. Gleichzeitig gelang es den Artgenossen mit weicheren Füßen seltener, hungrigen Raubtieren zu entwischen. Und diese Entwicklungen verliefen über viele Jahrmillionen weiter.

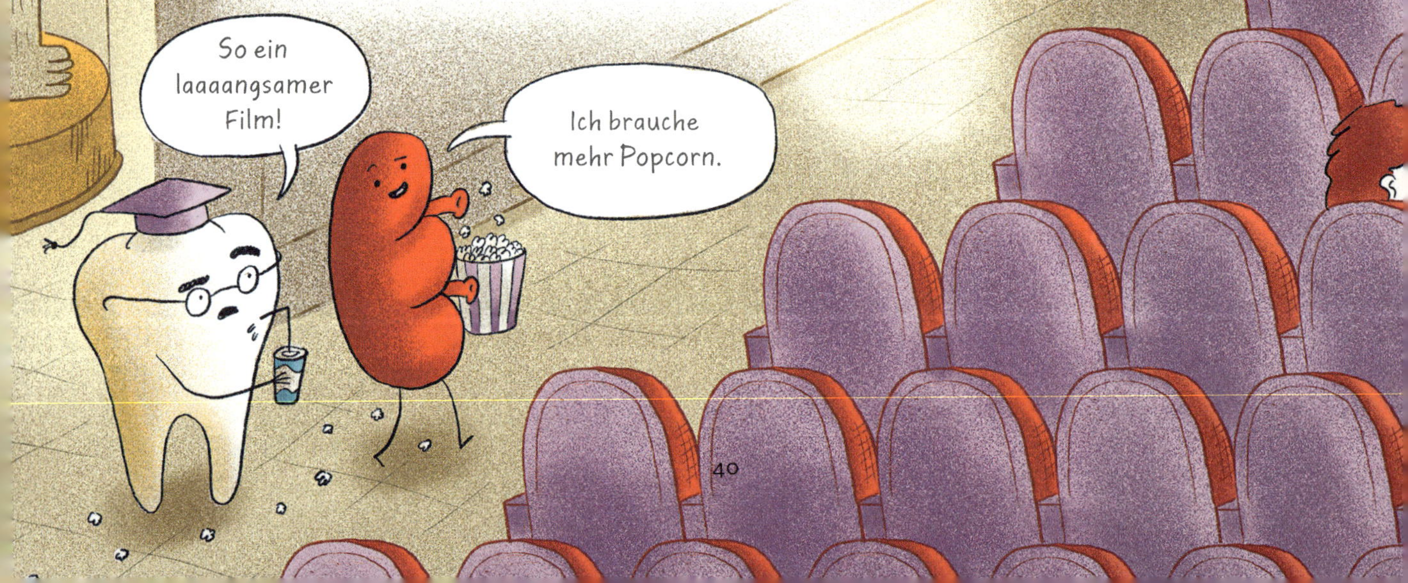

Kleine Unterschiede

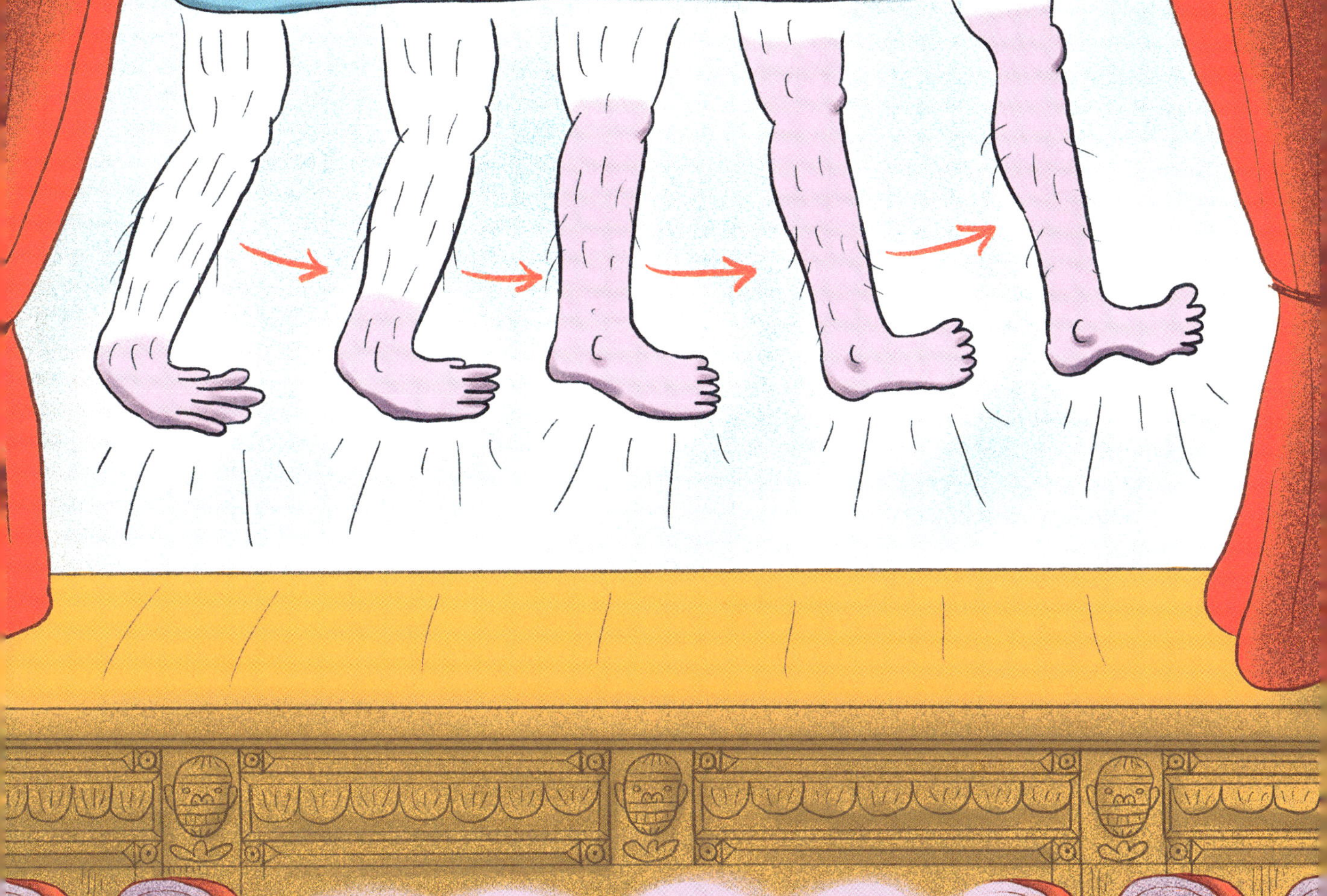

Es geht darum: Bei allen Tieren treten innerhalb der Arten winzige Unterschiede auf. Manche Veränderungen erleichtern den Tieren das Überleben, andere nicht. Überlebende Tiere geben ihre nützlichen Unterschiede an ihre Kinder weiter. Die, die in jungen Jahren gefressen werden, können das nicht. Über viele, viele Generationen hinweg bauen diese zufälligen kleinen Unterschiede aufeinander auf und können zu großen Veränderungen führen.

Was ist natürliche Auslese?

Einer der vielen Gründe, aus denen sich Tierarten mit der Zeit verändern, ist die natürliche Auslese, früher gern auch als „Überleben des Stärkeren" bezeichnet. Damit sie funktioniert, braucht es drei wichtige Dinge:

kleine Unterschiede

genetische Variation, Kampf ums Überleben und

Babys!! Fressfeinde

Fortpflanzung

Wenn Merkmale wie steifere Füße oder ein geflecktes Fell Tieren ermöglichen, lange genug zu leben, um sich fortzupflanzen, findet eine natürliche Auslese statt. Erschweren Merkmale Tieren dagegen das Überleben, fallen sie der natürlichen Auslese zum Opfer.

Und auf diese Weise veränderten sich schließlich auch die Füße der Menschen. Je mehr Zeit die Menschen am Boden verbrachten, desto besser bewährten sich die starren, aber federnden Füße. Da sie über Jahrmillionen hinweg für das Leben am Boden besser geeignet waren als die weichen Affenfüße, setzten sich im neuen Lebensraum, dem Grasland, schließlich die steiferen Füße durch. Das bezeichnen Forschende als **natürliche Auslese**.

Diese natürliche Auslese ist *keine Folge* von Zufällen. Es gibt Gründe dafür, dass bestimmte Tiere gefressen werden und andere nicht. Die kleinen Unterschiede aber entstehen tatsächlich *zufällig*. Warum hatten manche Affen steifere Füße? Ein Unterschied, der ebenso zufällig war wie die Unterschiede zwischen dir und deinen Freundinnen und Freunden. Mitunter erweisen sich diese kleinen Unterschiede als *vorteilhaft* – mit anderen Worten: Sie sind gut.

Aber gut für wen? Wenn sich neue Arten entwickeln, sterben andere aus. Insgesamt sind von allen Arten, die jemals auf diesem Planeten lebten, 99,9 Prozent ausgestorben. Weg! Verschwunden! Sicher, Millionen von Lebewesen starben durch schreckliche Katastrophen, wie etwa den Aufprall eines Asteroiden, der vor 66 Millionen Jahren die Erde traf. Die allermeisten Arten aber starben aufgrund der Evolution aus.

Trotzdem *lieben* alle die Evolution geradezu. Sie bewundern die neuen Körperteile und haben die alten, weniger nützlichen Teile vollkommen vergessen. Doch während die Menschen alles Neue bestaunen, lässt die Evolution klammheimlich alles Alte schrumpfen und verschwinden, wie beispielsweise dein Fell. Ja, was ist eigentlich mit deinem Fell passiert?

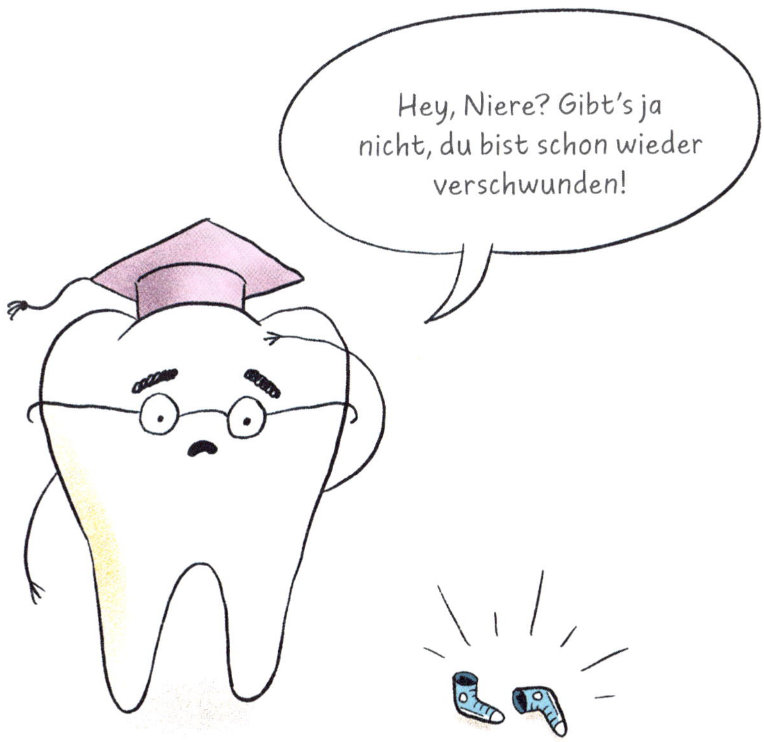

ÜBERLEBENDE HAARE

DIE HAARE AN DEINEM KÖRPER können fast unsichtbar oder so dicht wie ein Flokatiteppich sein. Auf jeden Fall aber sind sie die Überreste des Fells deiner fernen Vorfahren.

Wenn du die Forschenden fragst, warum du dein Fell verloren hast, werden sie wahrscheinlich sagen, dass es für deine Vorfahren *nützlich* gewesen sein muss, weniger Fell zu haben. Aber wieso? Darüber sind sich die Forschenden noch nicht ganz einig, aber sie haben eine Menge toller Ideen ...

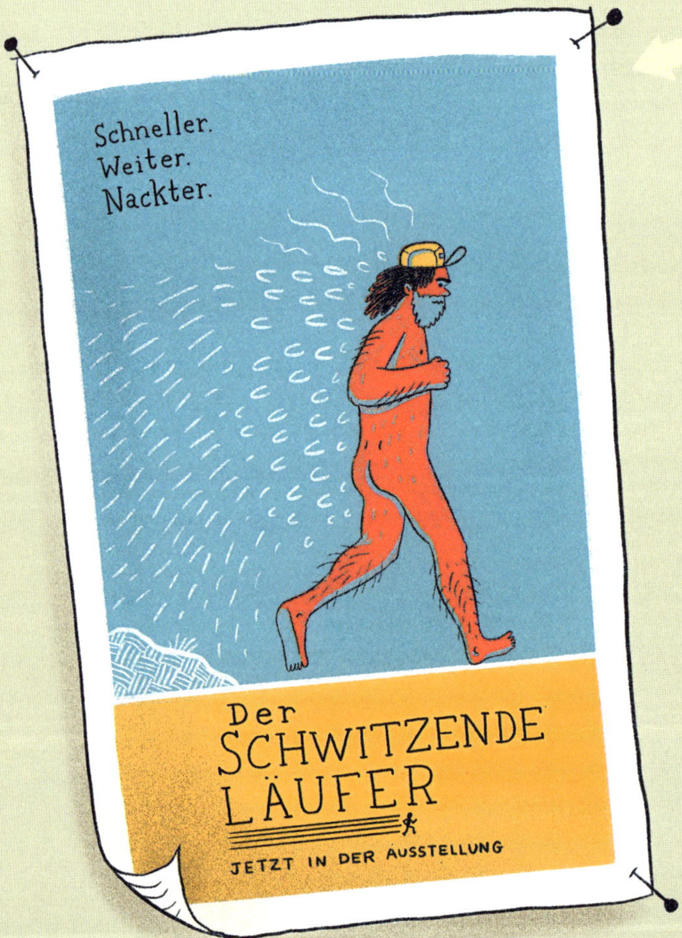

THEORIE NR. 1

Der schwitzende Läufer

Als die Menschen dazu übergingen, auf ihren steifen Füßen schneller zu laufen, kamen sie ins Schwitzen. Beim Rennen wird einem schnell heiß, vor allem dann, wenn man ein dickes Fell hat. Vielleicht ermöglichte ihnen ein dünneres Fell, ohne Überhitzung schneller zu flitzen (um Löwen zu entkommen) und auch weiter zu gelangen (um mehr Nahrung zu finden). Überhaupt besitzen Menschen unglaublich viele Schweißdrüsen. Je mehr du schwitzt, desto schneller kühlst du wieder ab. Die Kombination von weniger Fell und mehr Schweißdrüsen könnte dazu beigetragen haben, dass deine Vorfahren länger laufen und jagen konnten – sogar dann, wenn es heiß war.

THEORIE NR. 2

Das heiße Hirn

Menschen besitzen riesige Gehirne und ein großes Gehirn erzeugt viel Wärme. Vielleicht musste das Fell dünner werden, damit der Körper die vom großen Gehirn erzeugte Hitze besser abstrahlen konnte. Das erklärt allerdings nicht, warum du oben auf dem Kopf das dichteste Fell hast. Allerdings schützt es dich dort auch gut vor Sonnenbrand.

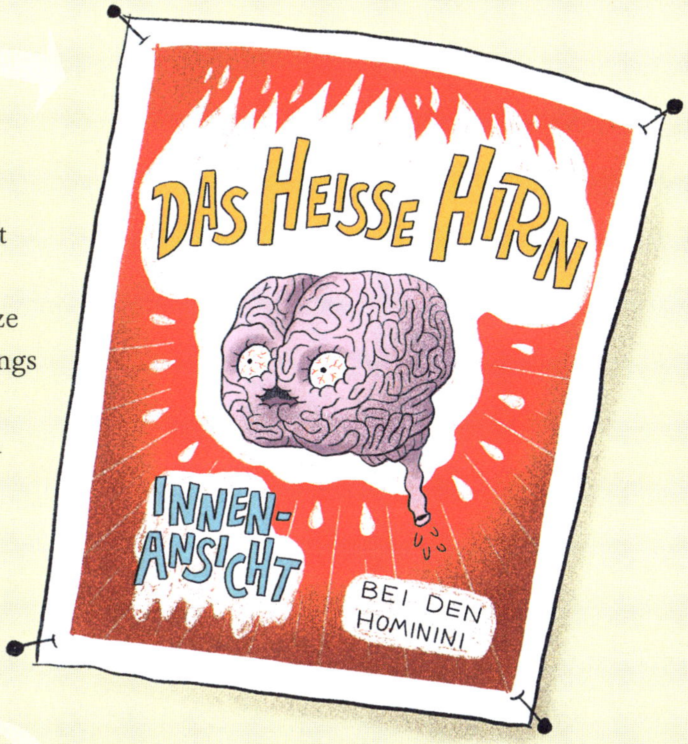

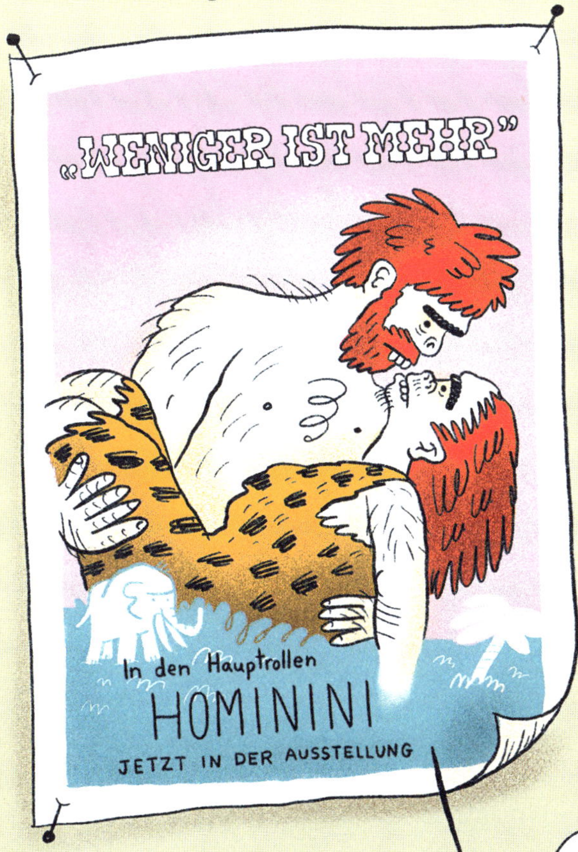

THEORIE NR. 3

Weniger ist mehr

Vielleicht fanden deine Vorfahren, dass weniger Fell schön ist, und suchten sich daher Partner mit möglichst wenig Fell.

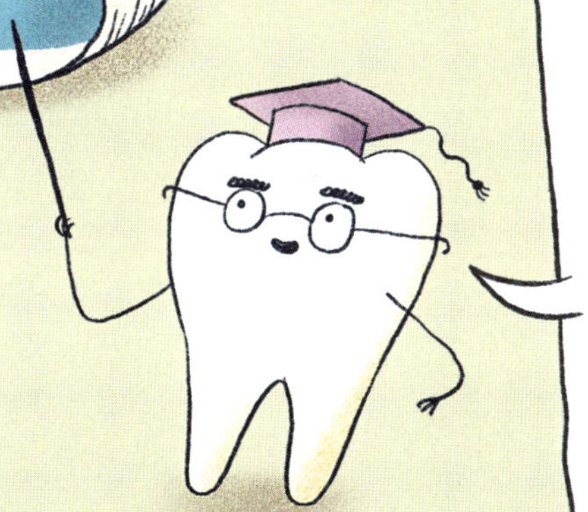

Das nennt man **sexuelle Selektion** oder „Überleben der oder des Schönsten". Es funktioniert wie die natürliche Auslese (indem aus kleinen Unterschieden mit der Zeit große Veränderungen werden). So wurden nur die Schönen als Fortpflanzungspartner gewählt. Dadurch haben lediglich die Vögel mit den schönsten Federn oder die Hirsche mit dem größten Geweih Nachwuchs.

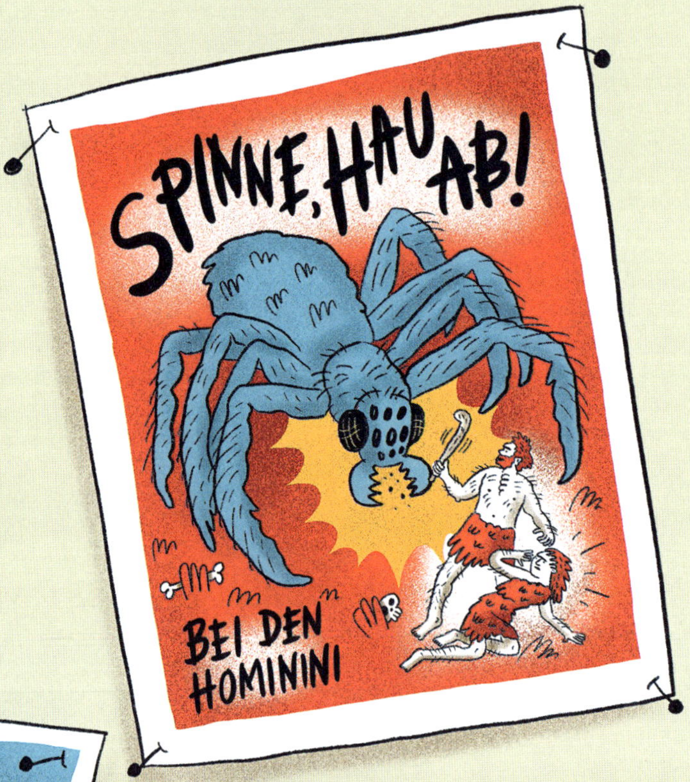

THEORIE NR. 4

Weg mit der Laus!

Weniger Fell bedeutet auch weniger Läuse und Flöhe. Vielleicht waren die Menschenvorfahren mit weniger Fell gesünder.

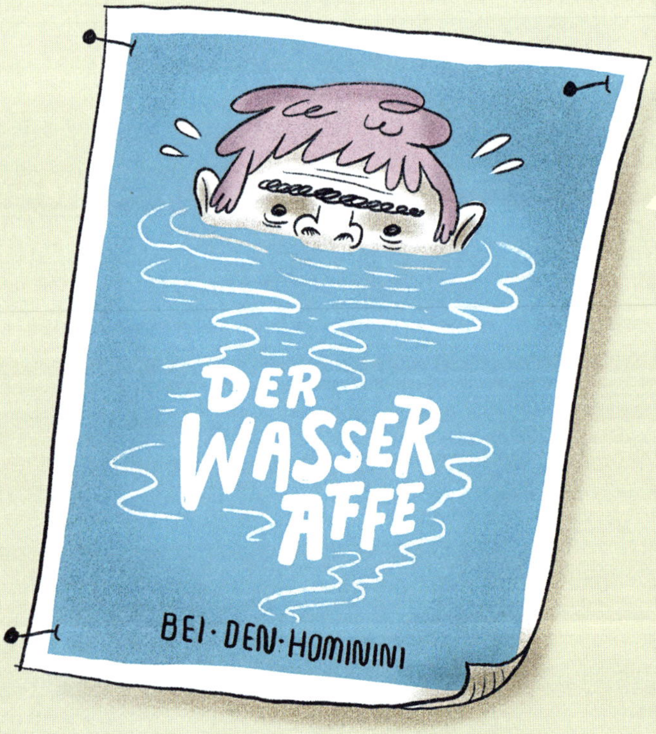

THEORIE NR. 5

Der Wasseraffe

Mir wurde gesagt, dass diese Theorie *eindeutig falsch* ist. Trotzdem erzähle ich dir davon, denn sie ist sehr lustig. Sie besagt, dass einige deiner fernen Vorfahren im Wasser lebten, wie Wale. Deshalb werden Menschen so leicht fett und haben so wenig Haare. Wale haben ja auch keine. Ferner erklärt die Theorie angeblich, warum Menschen salzige Tränen weinen, im Wasser schrumpelige Finger bekommen, langes Kopfhaar haben (an dem sich Babys festhalten können), warum Babys wissen, dass sie unter Wasser die Luft anhalten müssen, und vieles mehr. Doch wie schon gesagt, stimmt diese Theorie nicht.

THEORIE NR. 6

Glatzenbildung

Eine weitere Theorie behauptet, dass es gar nicht gut war, das Fell zu verlieren, und dass es nicht nach und nach passierte. Sondern dass irgendein furchtbares Ereignis zur Folge hatte, dass die Menschen ihr Fell verloren. Das war aber keineswegs von Vorteil, sondern schlimm und gefährlich. Woran sollten sich die Babys nun festhalten? Wie konnten ihre Eltern verhindern, dass sie auskühlten? Die frühen Menschen mussten einfach versuchen, mit dem Verlust ihres Fells zurechtzukommen.

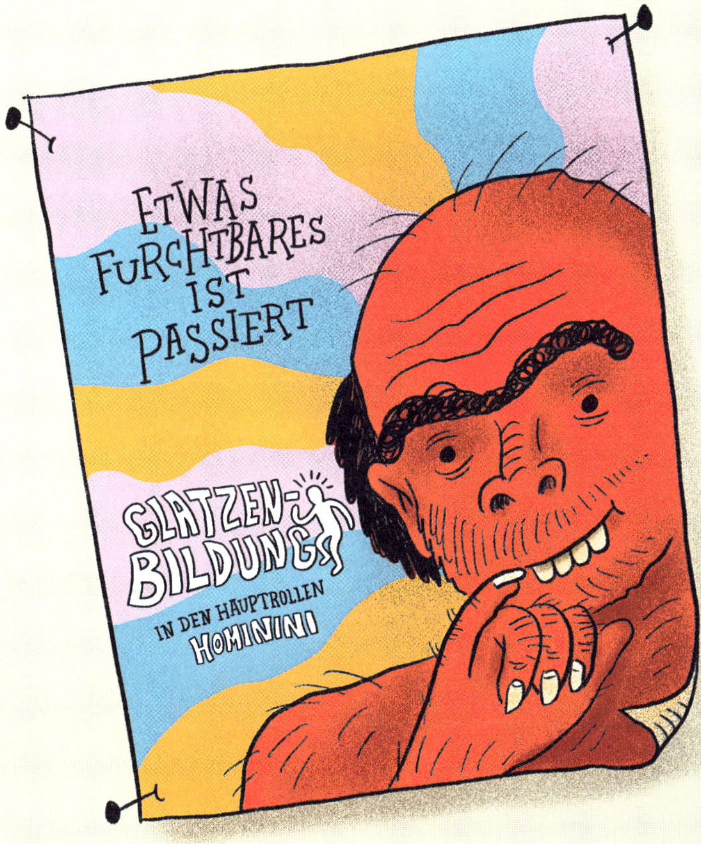

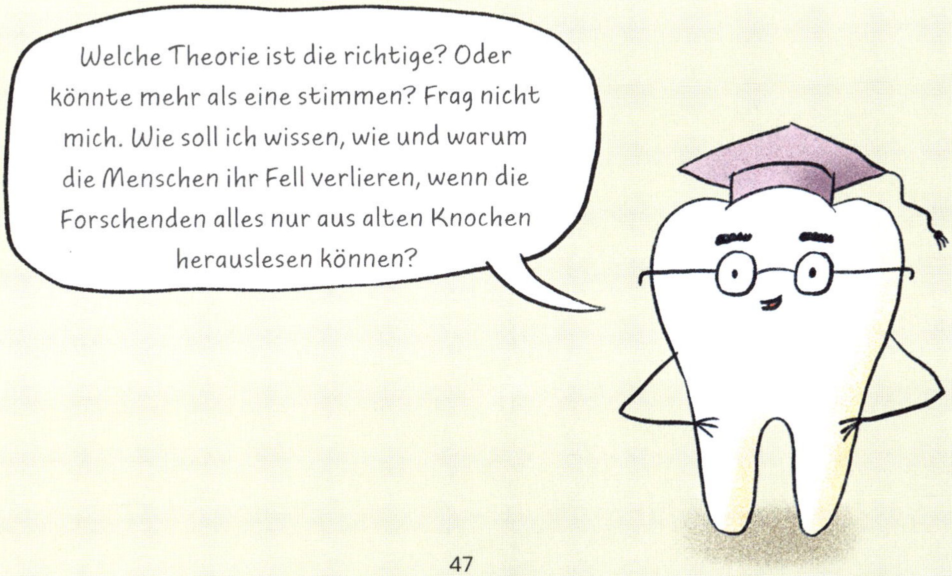

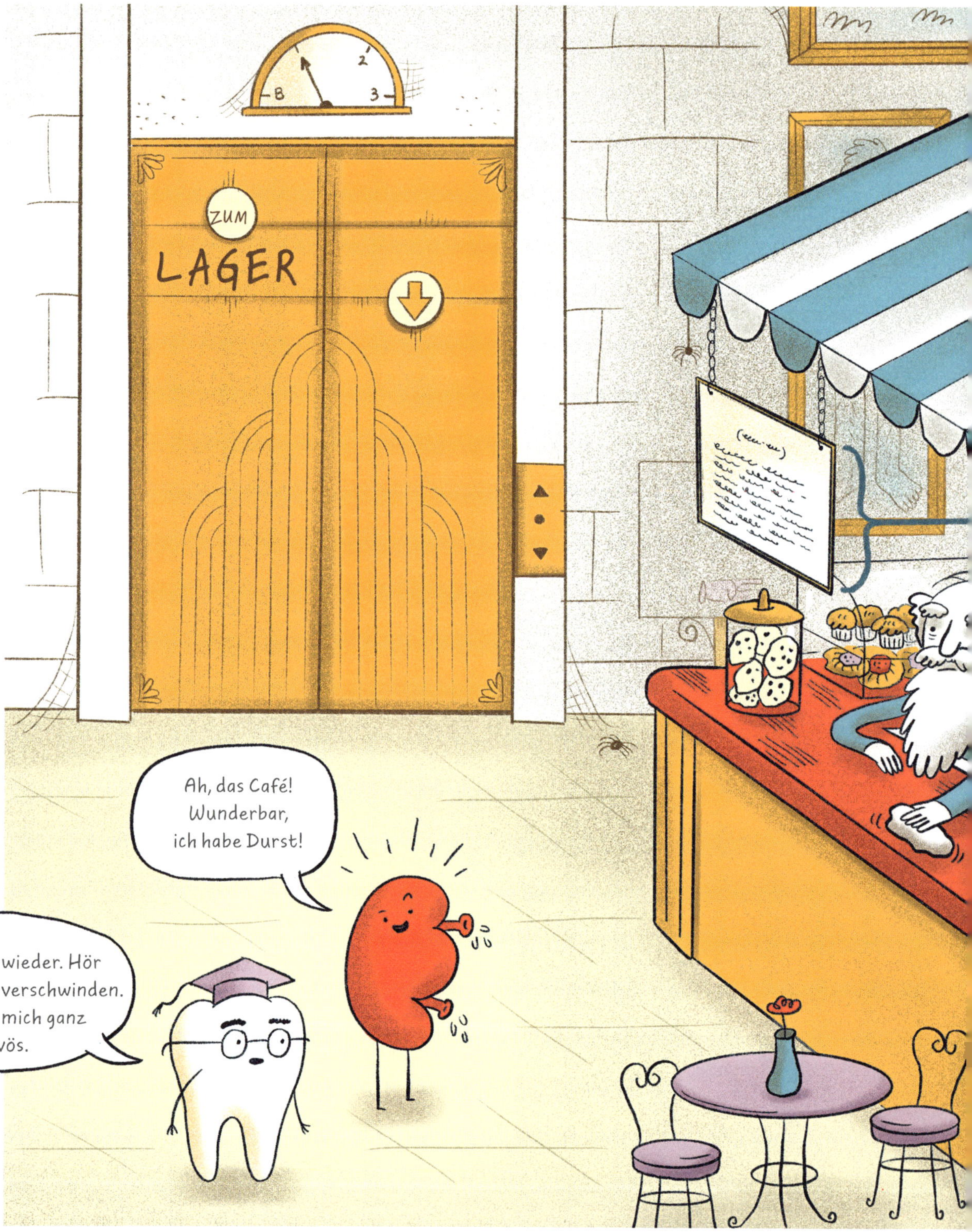
ZUM
LAGER
Ah, das Café! Wunderbar, ich habe Durst!
Da bist du ja wieder. Hör auf, ständig zu verschwinden. Das macht mich ganz nervös.

Charles Darwin

(1809-1882)

Charles Darwin war ein berühmter englischer Naturforscher. Bekannt wurde er durch sein 1859 erschienenes Buch *Über die Entstehung der Arten*, in dem er beschreibt, wie die Evolution durch natürliche Auslese zustande kommt. Darwin erklärte auch, dass Rudimente ~~Überbleibsel~~ charmante Überlebende evolutionärer Veränderungen sind.

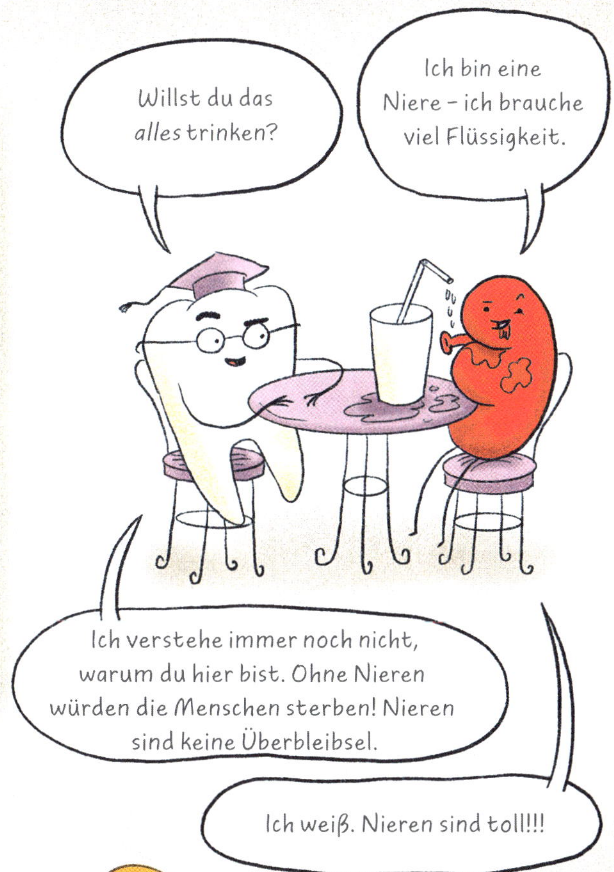

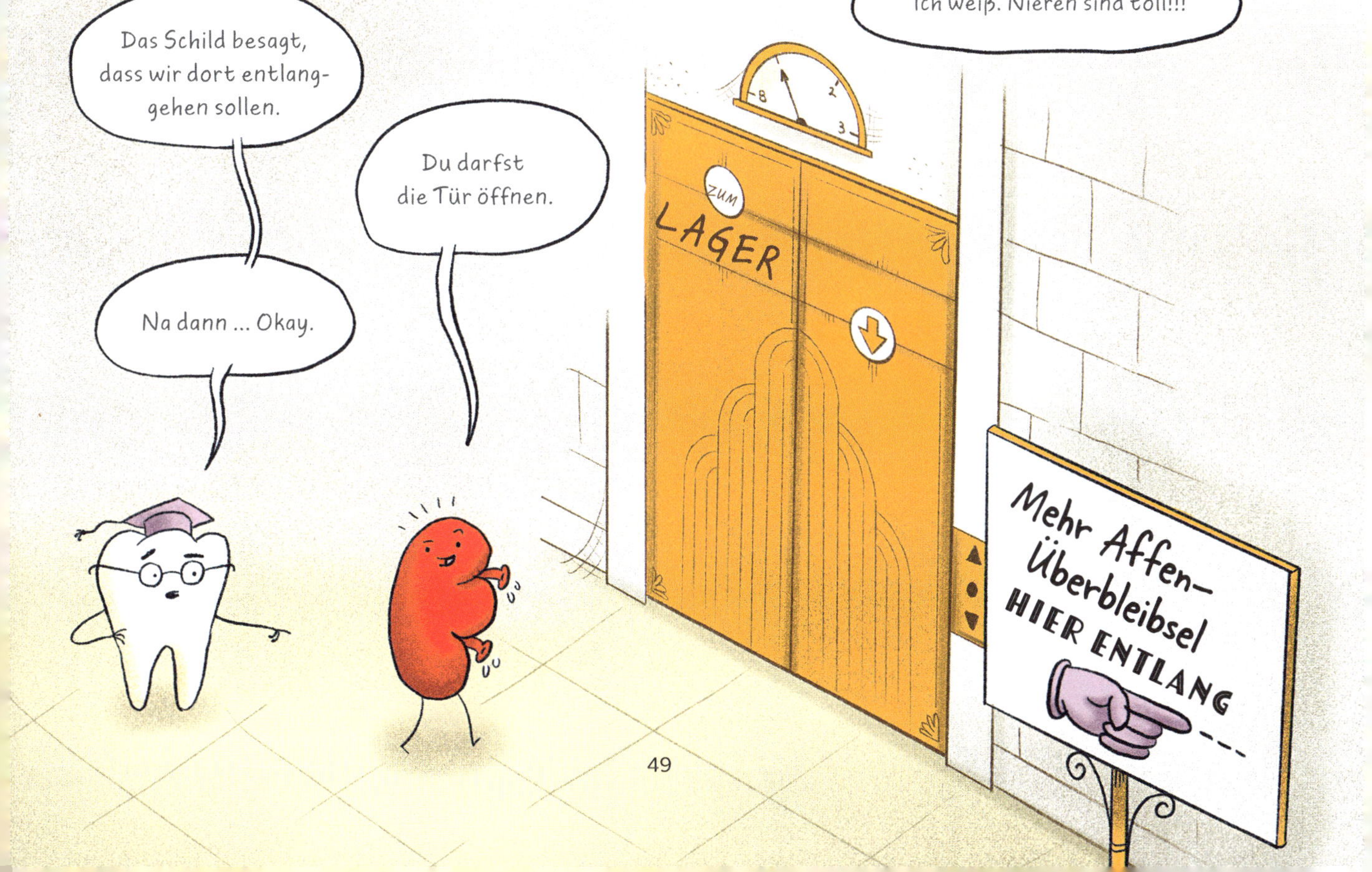

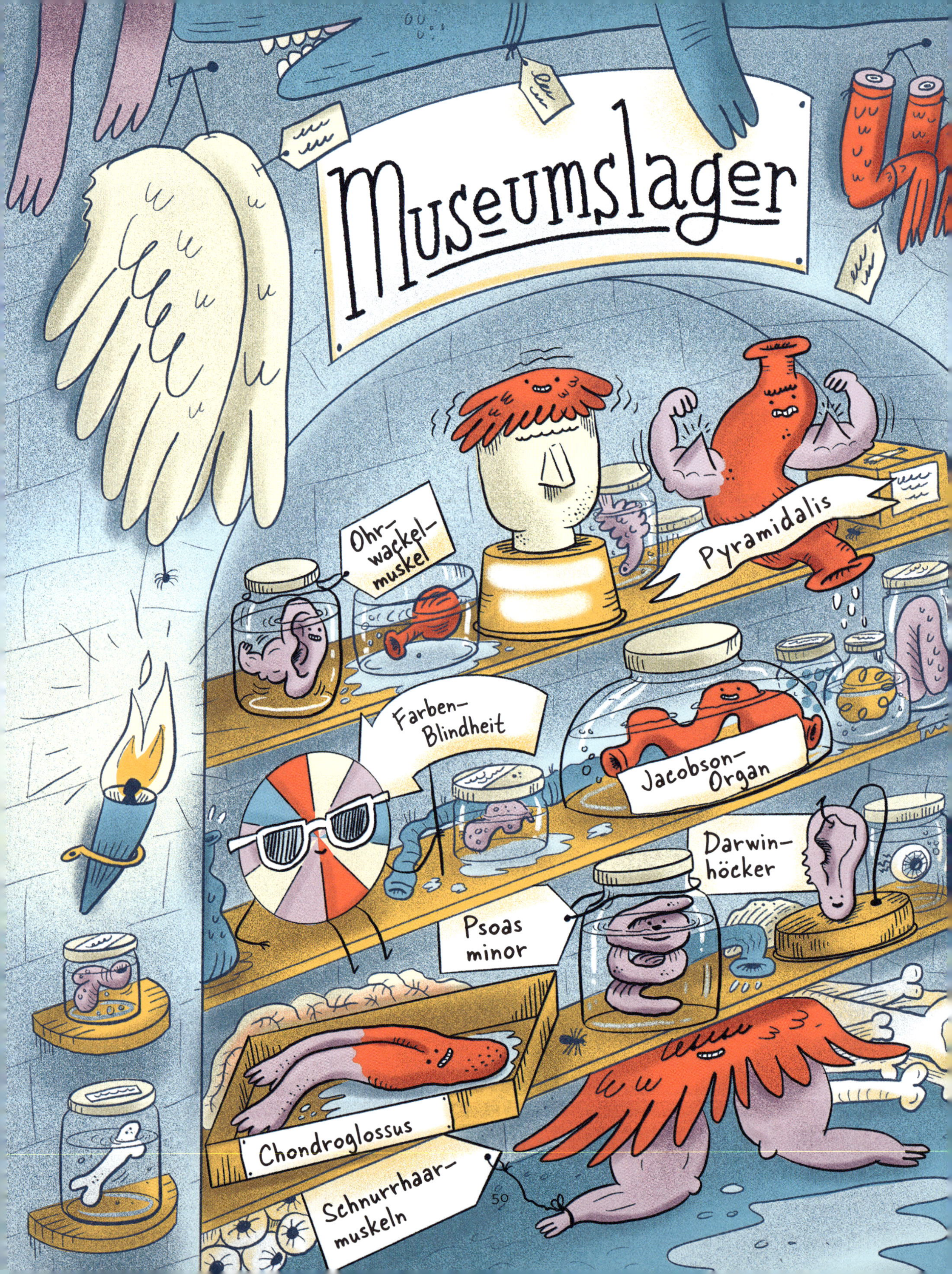
Museumslager
Ohr-
wackel-
muskel
Pyramidalis
Farben-
Blindheit
Jacobson-
Organ
Darwin-
höcker
Psoas
minor
Chondroglossus
Schnurrhaar-
muskeln

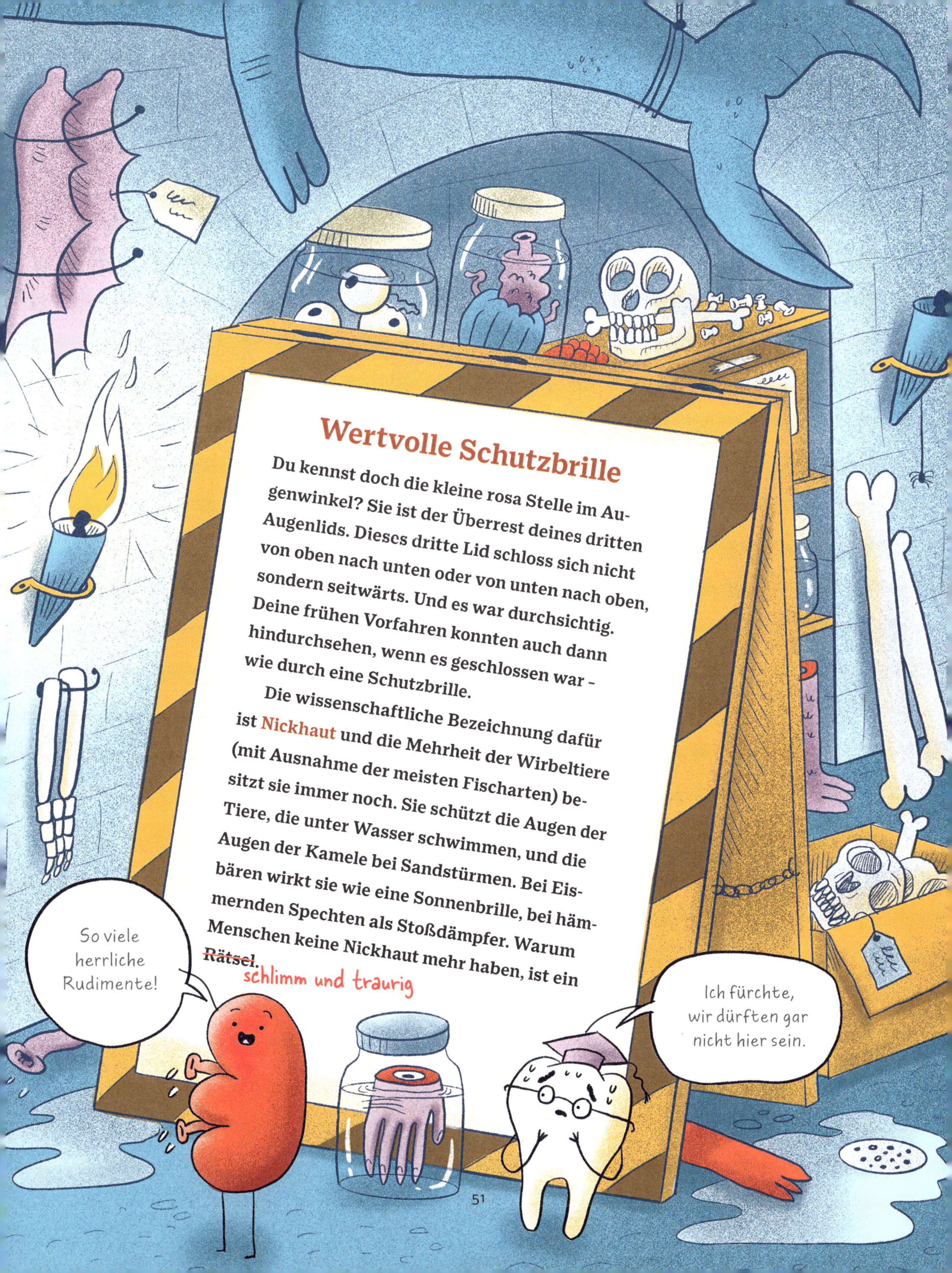

Wertvolle Schutzbrille

Du kennst doch die kleine rosa Stelle im Augenwinkel? Sie ist der Überrest deines dritten Augenlids. Dieses dritte Lid schloss sich nicht von oben nach unten oder von unten nach oben, sondern seitwärts. Und es war durchsichtig. Deine frühen Vorfahren konnten auch dann hindurchsehen, wenn es geschlossen war – wie durch eine Schutzbrille.

Die wissenschaftliche Bezeichnung dafür ist **Nickhaut** und die Mehrheit der Wirbeltiere (mit Ausnahme der meisten Fischarten) besitzt sie immer noch. Sie schützt die Augen der Tiere, die unter Wasser schwimmen, und die Augen der Kamele bei Sandstürmen. Bei Eisbären wirkt sie wie eine Sonnenbrille, bei hämmernden Spechten als Stoßdämpfer. Warum Menschen keine Nickhaut mehr haben, ist ein ~~Rätsel.~~ schlimm und traurig

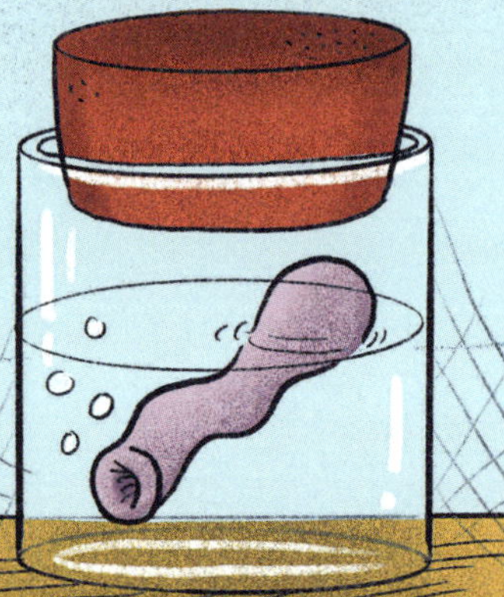

Blinddarm

Der Blinddarm ist eine wurmförmige Tasche am Dickdarm, dünner als dein kleiner Finger und etwa doppelt so lang. Er kann sich entzünden und sehr starke Schmerzen verursachen. Wenn er dann nicht sofort herausoperiert wird, kann er platzen und tödliche Gifte und Bakterien in den Körper entlassen. Jahr für Jahr werden Hunderttausenden von Menschen weltweit der Blinddarm entfernt.

Lange Zeit dachte man, der Blinddarm wäre ein lästiges Überbleibsel aus einer Zeit, in der sich frühe Menschen nur von Pflanzen ernährten, wie Kaninchen. Doch heute glauben Forschende, dass er kein unnützes Rudiment ist, sondern einen Vorrat an hilfreichen Darmbakterien speichert, die nach Krankheiten den ganzen Darm neu besiedeln und eine gesunde Darmflora aufbauen.

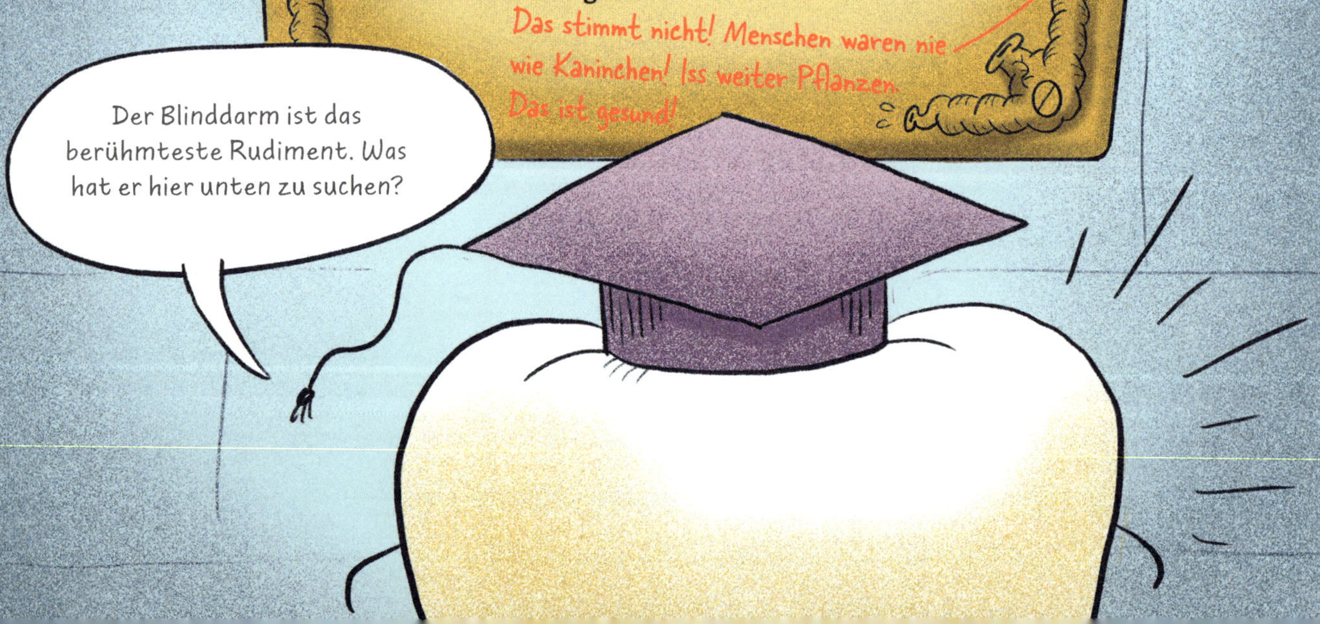

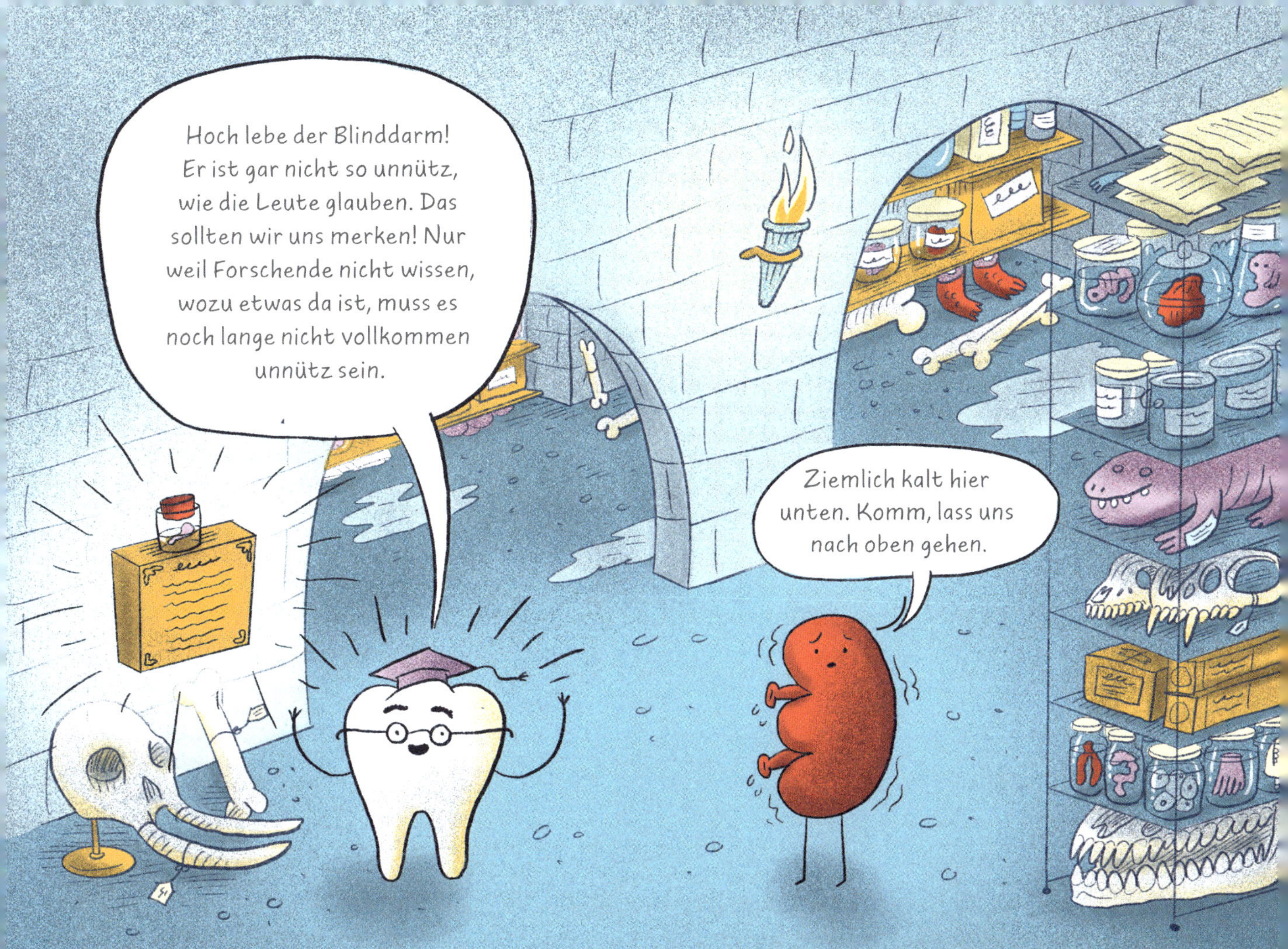
Hoch lebe der Blinddarm! Er ist gar nicht so unnütz, wie die Leute glauben. Das sollten wir uns merken! Nur weil Forschende nicht wissen, wozu etwas da ist, muss es noch lange nicht vollkommen unnütz sein.
Ziemlich kalt hier unten. Komm, lass uns nach oben gehen.

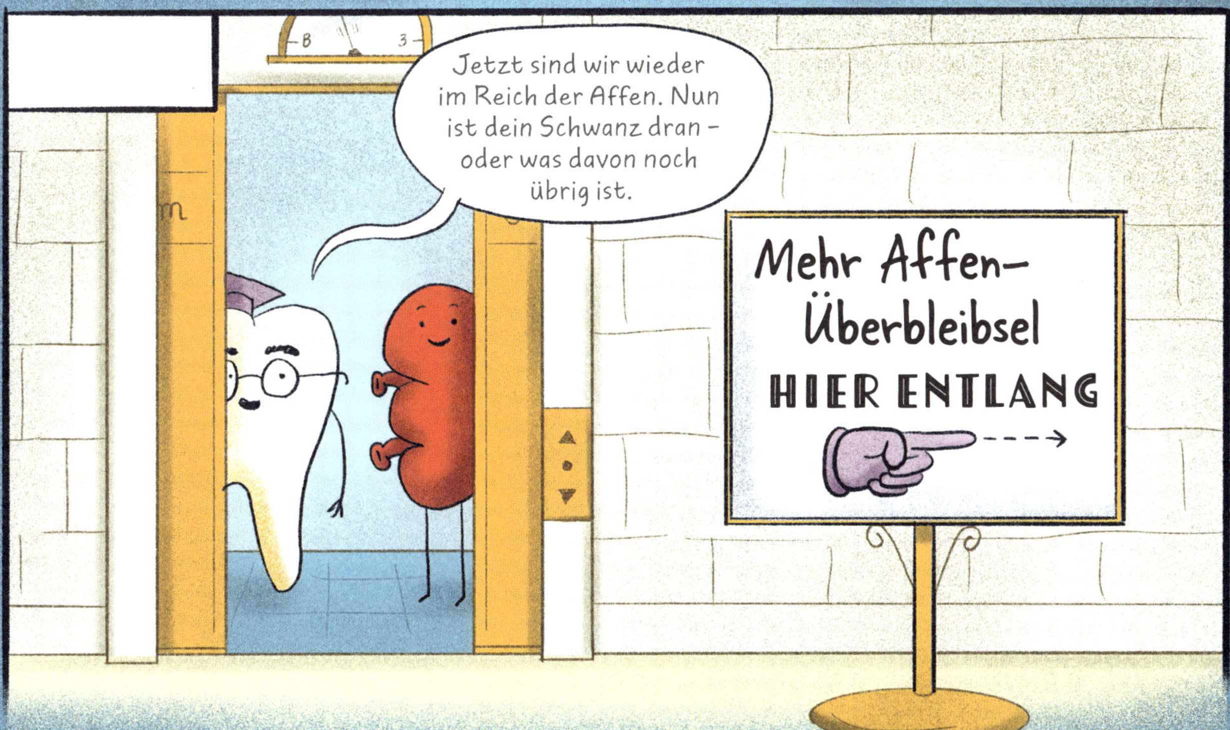
Jetzt sind wir wieder im Reich der Affen. Nun ist dein Schwanz dran – oder was davon noch übrig ist.
Mehr Affen-Überbleibsel
HIER ENTLANG

STUMMELCHEN

FORSCHENDE entdeckten Fossilien von langschwänzigen Affen wie Eggy ~~*Aegyptopithecus*~~ und die Knochen jüngerer Menschenaffen ohne Schwanz wie *Proconsul*. Jetzt suchen sie nach einem Lebewesen, das die Lücke zwischen den langschwänzigen und den schwanzlosen Menschenvorfahren schließt: Das ist das Missing Link oder **fehlende Glied**.

1

Proconsul | VOR 29–11 MIO. J.
war schwanzlos, hatte lange Arme sowie sehr bewegliche Hände und Füße. Er könnte der letzte gemeinsame Vorfahre der Gorillas, Orang-Utans und anderer großer Menschenaffen gewesen sein.

2 alias Eggy

Aegyptopithecus | VOR 38–29 MIO. J.
war möglicherweise der letzt gemeinsame Vorfahre von Menschenaffen und Altweltaffen, in der Zeit, bevor sich deine Vorfahren vom Affenast deines Stammbaums abspalteten.

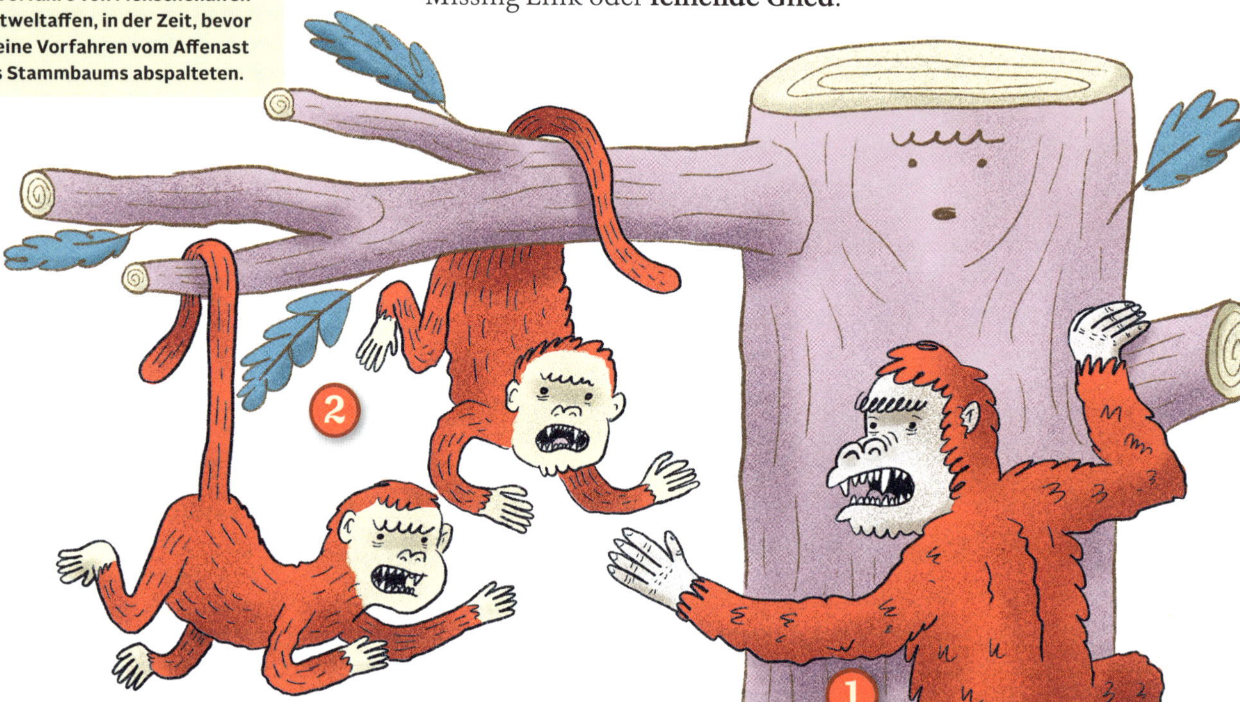

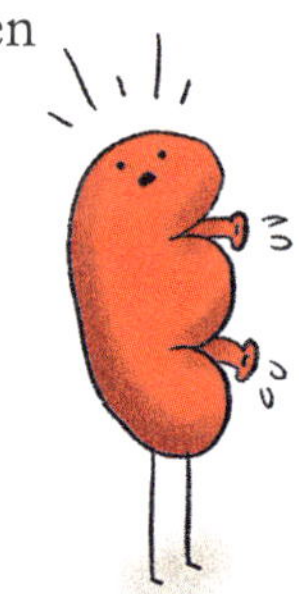

Was unterscheidet Menschenaffen von den anderen Affen? Sie haben keinen Schwanz, im Gegensatz zu den meisten anderen Affenarten. Doch alle Menschenaffen und Menschen besitzen weiterhin einen kleinen Schwanzstummel. Man nennt ihn Steißbein oder *Coccyx*. Er besteht aus drei bis fünf Wirbeln am Wirbelsäulenende und ist der letzte Überrest der hübschen langen Schwänze deiner sehr, sehr frühen Vorfahren.

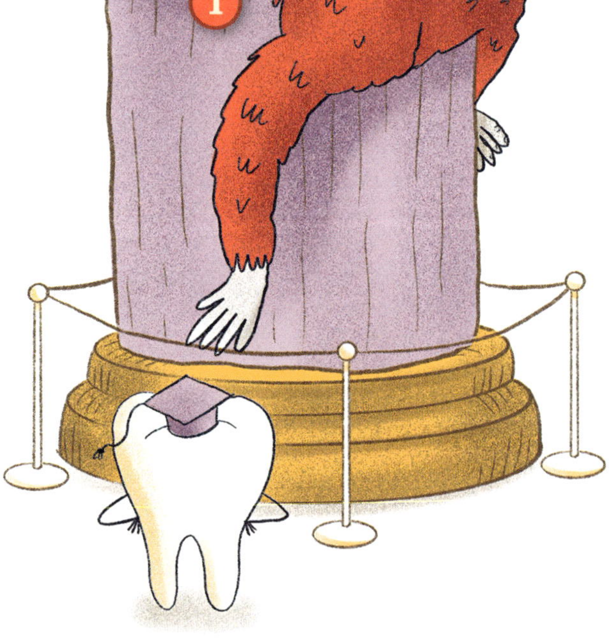

Warum haben Menschenaffen ihren Schwanz verloren? So genau weiß das niemand, doch Forschende glauben, die Antwort auf diese Frage in den Schultern gefunden zu haben. Denn ein weiterer Unterschied zwischen Affen und Menschenaffen besteht darin, dass Affen nicht an Ästen schwingen können, weil ihre Schultern nicht dafür gebaut sind. Stattdessen laufen sie auf allen vieren an Ästen entlang und springen von Baum zu Baum. Ihr Schwanz hilft ihnen, dabei das Gleichgewicht zu halten. Beim aufrechten Stehen dagegen ist ein Schwanz eher lästig. Außerdem ist er schwer. Er würde etwa beim Ringeturnen stören. Die meisten Affen könnten gar nicht an Ringen turnen, weil ihre Schultern diese Bewegungen nicht zulassen. Menschen und Menschenaffen hingegen können es!

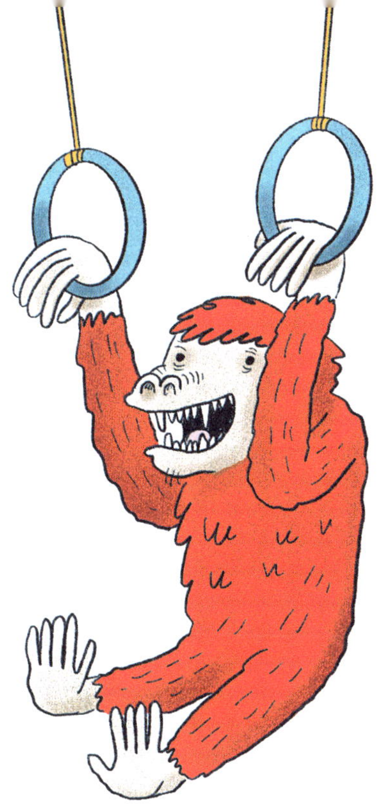

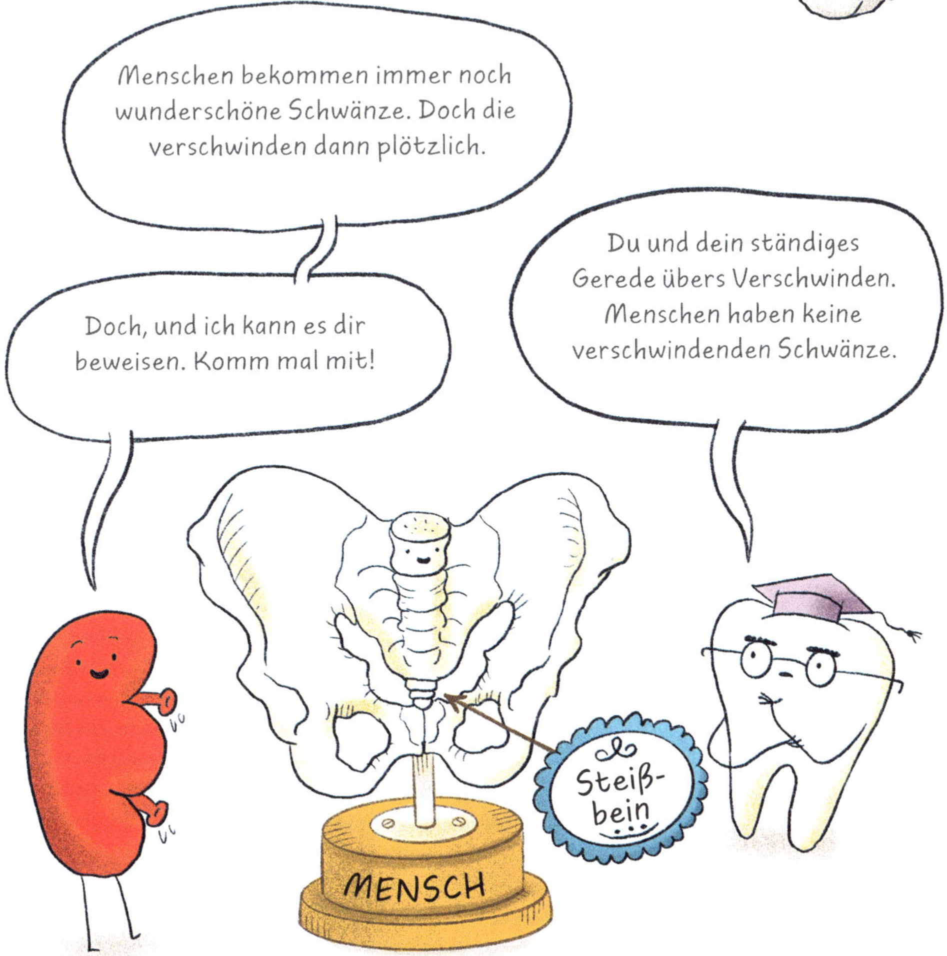

Der verschwundene Menschenschwanz

LASS MICH dir die wahre Geschichte des verschwundenen Menschenschwanzes erzählen.

Wie du weißt, beginnen Menschen ihr Dasein im Bauch der Mutter als winzige Klümpchen, die kleiner als ein Maiskorn sind. Dann wachsen sie und werden immer größer, bekommen Arme und Beine und Nasen, bis sie wie richtige kleine Menschen aussehen.

Die Entwicklung vom Klümpchen bis zur Geburt dauert ungefähr 280 Tage, in denen sich ständig etwas tut. Jeden Tag kommt ein neues Härchen, ein weiterer Blutstropfen dazu … Alles wächst, in unterschiedlichen Geschwindigkeiten, aber alles zum genau richtigen Zeitpunkt. Es ist wie ein Kunststück am Trapez, bei dem die Bewegungen aller Akrobaten genau aufeinander abgestimmt sind.

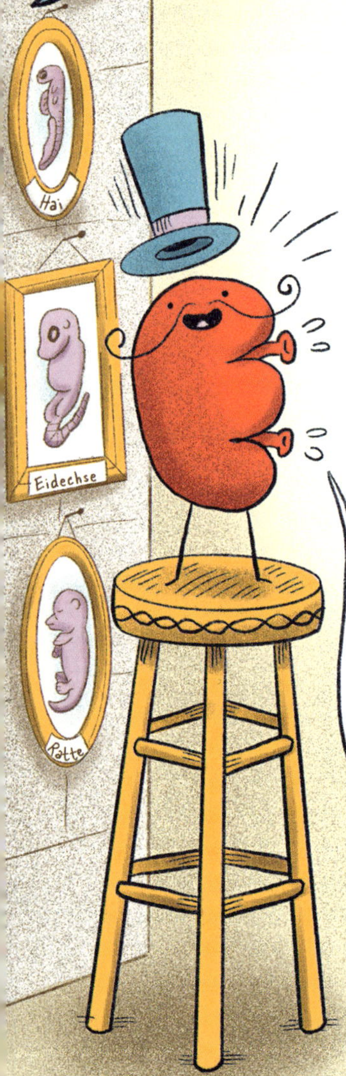

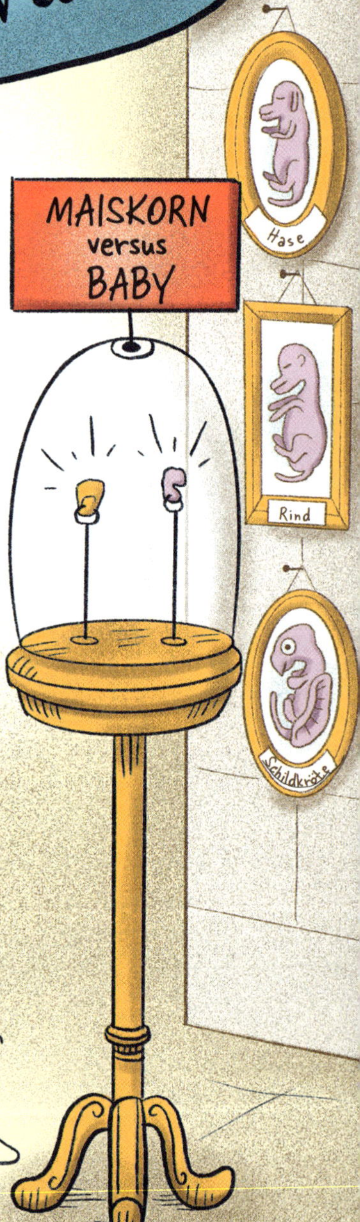

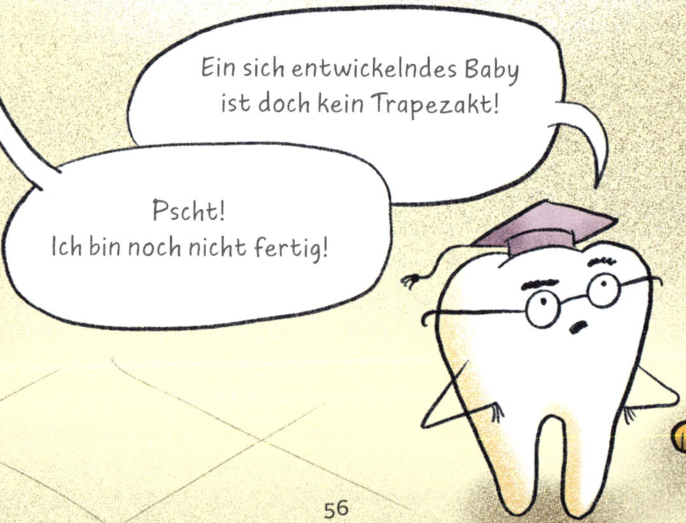

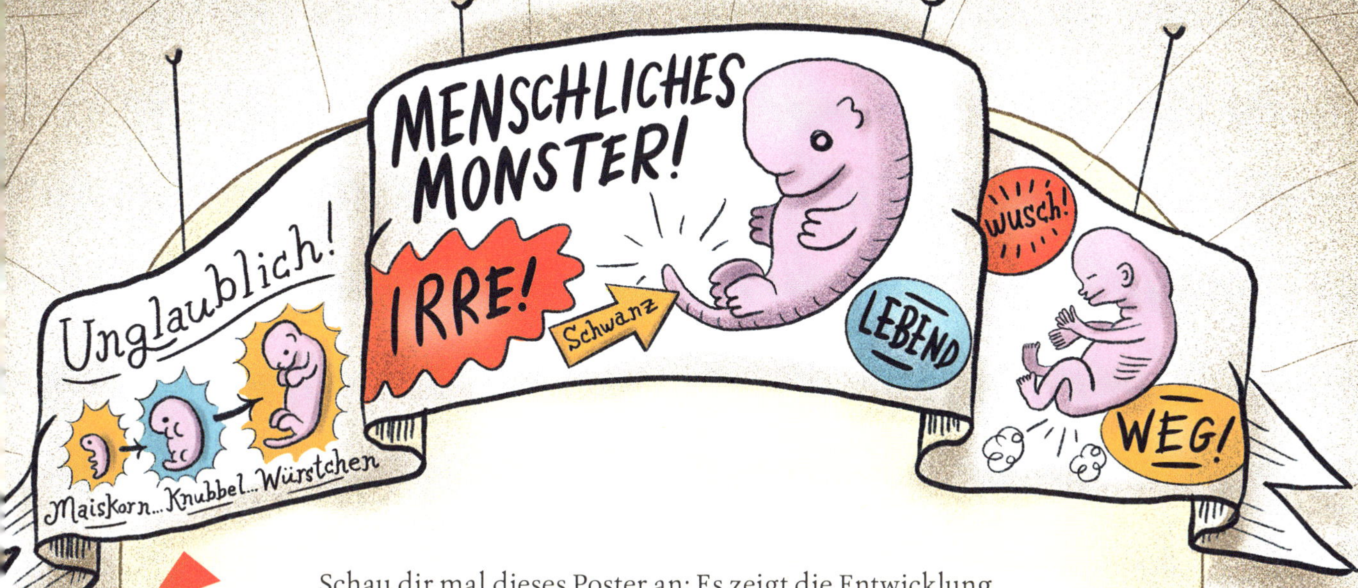

Schau dir mal dieses Poster an: Es zeigt die Entwicklung eines Babys. Aus dem Knubbel wird ein Würstchen und eines Tages hat das Würstchen einen Kopf, vier Stummelglieder, eine Wirbelsäule und … da, tatsächlich auch ein Schwänzchen.

Dieser kleine Schwanz ist Teil der Wirbelsäule, die wiederum ein sehr wichtiger Teil des menschlichen Körpers ist. Zusammen mit dem Baby wächst auch das Schwänzchen, bis es aus zwölf Knochen besteht. Das sind weniger Knochen als in einem Katzenschwanz, aber mehr als in dem eines Bären. Bemerkenswert, oder?

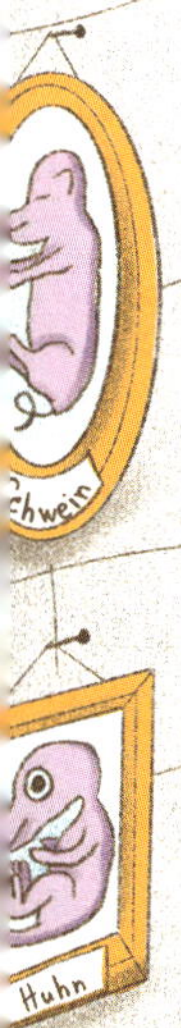

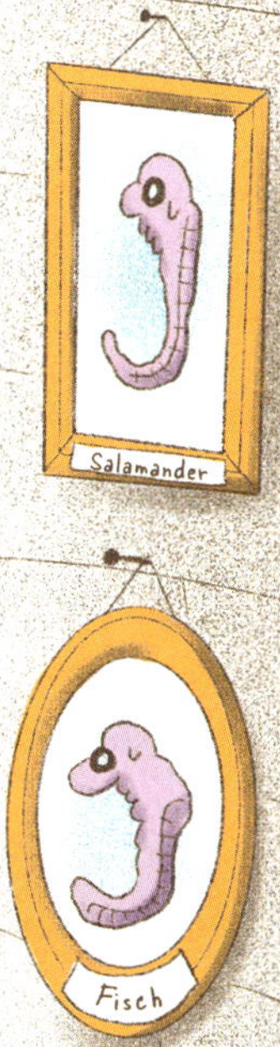

Wenn dann eines Tages die Wirbelsäule vom Hals bis zur Schwanzspitze vollständig ausgebildet ist, beginnen sich die Schwanzknochen aufzulösen. Ihre Aufgabe ist erfüllt – sie machen sich vom Acker. Und da hast du ihn, mein lieber Freund: den auf wundersame Weise verschwindenden Menschenschwanz!

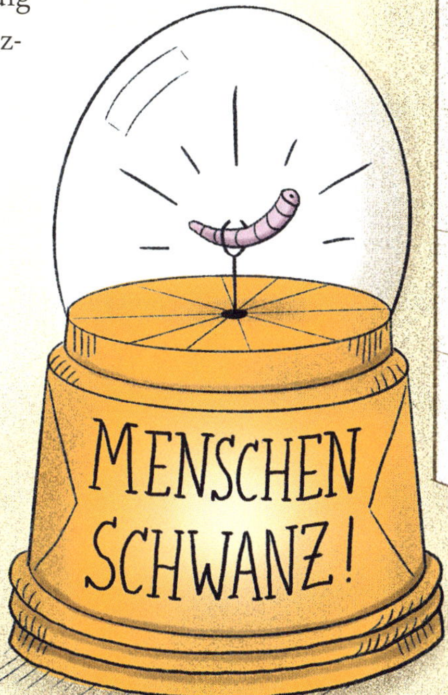

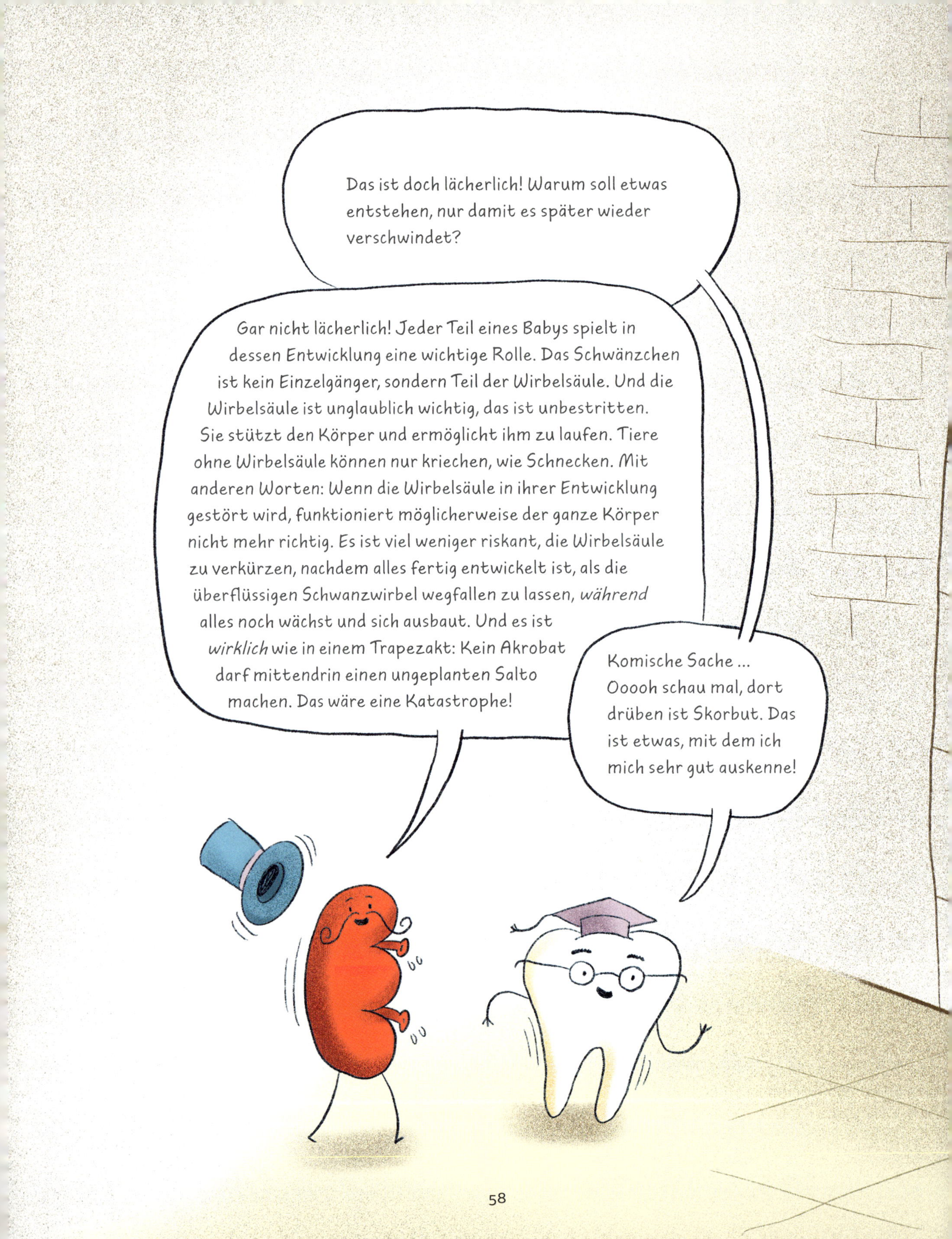
Das ist doch lächerlich! Warum soll etwas entstehen, nur damit es später wieder verschwindet?
Gar nicht lächerlich! Jeder Teil eines Babys spielt in dessen Entwicklung eine wichtige Rolle. Das Schwänzchen ist kein Einzelgänger, sondern Teil der Wirbelsäule. Und die Wirbelsäule ist unglaublich wichtig, das ist unbestritten. Sie stützt den Körper und ermöglicht ihm zu laufen. Tiere ohne Wirbelsäule können nur kriechen, wie Schnecken. Mit anderen Worten: Wenn die Wirbelsäule in ihrer Entwicklung gestört wird, funktioniert möglicherweise der ganze Körper nicht mehr richtig. Es ist viel weniger riskant, die Wirbelsäule zu verkürzen, nachdem alles fertig entwickelt ist, als die überflüssigen Schwanzwirbel wegfallen zu lassen, *während* alles noch wächst und sich ausbaut. Und es ist *wirklich* wie in einem Trapezakt: Kein Akrobat darf mittendrin einen ungeplanten Salto machen. Das wäre eine Katastrophe!
Komische Sache … Ooooh schau mal, dort drüben ist Skorbut. Das ist etwas, mit dem ich mich sehr gut auskenne!

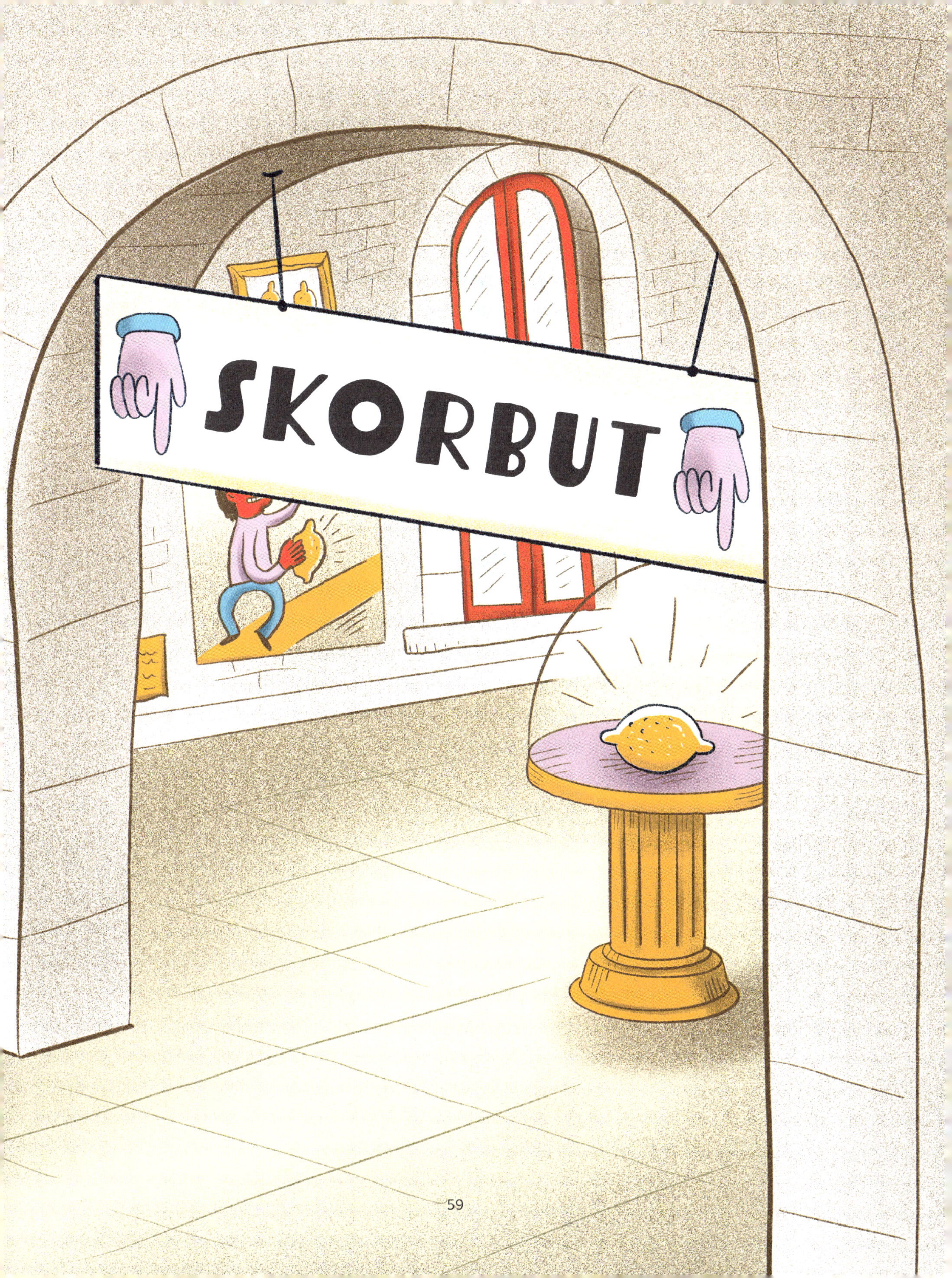
SKORBUT

SKORBUT

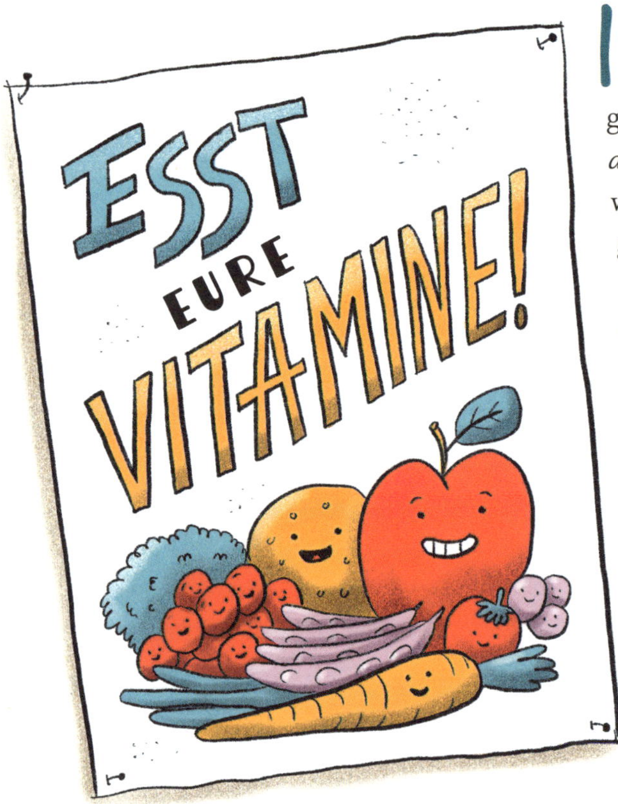

Ich habe mal von einem Mann gehört, der ein Jahr lang nur Fleisch und Kartoffeln gegessen hat und dem daraufhin *alle Zähne ausgefallen sind*. Entsetzlich! Und das nur, weil er kein Obst gegessen und daher nicht genug Vitamin C zu sich genommen hat.

Sicherlich sagen dir deine Eltern ständig, dass du Obst und Gemüse essen musst, um gesund zu bleiben, dass du Fleisch und überhaupt Eiweiß brauchst, um Muskeln aufzubauen, und dass du Milch oder Ersatzmilch trinken sollst, damit deine Knochen genügend Kalzium abbekommen. So viele verschiedene Sachen …

Aber wie ist das bei Rindern? Die fressen doch nur Gras oder Heu. Wie erhalten sie denn genügend Eiweiß? Und Löwen fressen nur Fleisch. Wo sind da die Vitamine? Wie bekommen Tiere alles, was ihr Körper braucht? Warum fallen ihnen keine Zähne aus?

Komischerweise müssen diese Tiere keine Vitamine *fressen*, denn ihre Körper *machen sie selbst*. Sie stellen alle Vitamine, Mineralien und Eiweiße her, die das betreffende Tier benötigt. Echt irre!

Beziehungsweise ist das eigentlich ganz natürlich. Die Menschen sind diejenigen, die aus der Reihe fallen. Aber nicht nur sie.

Vor Millionen von Jahren verloren die Körper einiger deiner frühen Vorfahren die Fähigkeit, bestimmte lebenswichtige Vitamine und Mineralien selbst zu produzieren. Auch ihre **Nachfahren** sind nicht mehr dazu fähig. Was bedeutet, dass du alle wichtigen Stoffe mit deiner Nahrung aufnehmen musst, weil du sonst krank wirst. Wer zu wenig Eisen zu sich nimmt, bekommt **Blutarmut** und ist

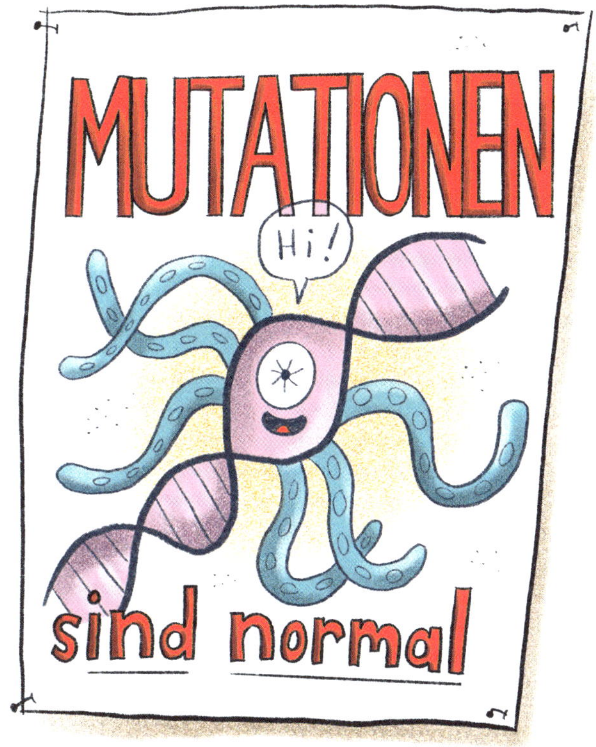

nach der kleinsten Anstrengung erschöpft. Wer nicht genügend Vitamin D oder Kalzium bekommt, dem brechen leicht die Knochen. Und ein Mangel an Vitamin C führt zu **Skorbut**: Schmerzen am ganzen Körper, leicht brechende Knochen, Zahnfleischbluten und ... *die Zähne fallen aus*!

Wie konnte deinen Vorfahren so etwas Furchtbares zustoßen? Es war ein genetischer Fehler – das, was Forschende als „ungünstige **Mutation**" bezeichnen.

Zu Mutationen kommt es ständig, doch sie sind nicht immer nur Wendungen zum Schlechteren. Mutationen verursachen die kleinen Unterschiede zwischen dir und deinen Freundinnen und Freunden. Und sie ermöglichen die natürliche Auslese, die durch Anhäufungen von kleinen Unterschieden über lange Zeiträume hinweg erfolgt. Mutationen können aber auch einschneidender sein. Vielleicht hast du schon einmal von einem Menschen gehört, der sechs Finger hat. Das ist eine Mutation. Oder in einem Zoo ist ein weißes Giraffenbaby zur Welt kommen, ein Albino. Auch das ist eine Mutation. Mutationen erfolgen im Bauplan des Körpers, in dessen **DNA**.

Du kannst dir die DNA wie ein Backrezept vorstellen. Du und jeder andere Mensch und jedes Tier, ihr alle habt ein eigenes DNA-Rezept. Jedes ist sehr, sehr, sehr kompliziert und besteht aus über 20 000 „Zutaten", den **Genen**. Ein Gen aber ist nicht so wie eine normale Backzutat, sondern wiederum ein *eigenes Rezept*. Die Gene bestimmen unter anderem deine Haarfarbe und wie viele Zähne du bekommst. Manche Gene arbeiten zusammen, andere allein. Das Zusammenwirken deiner 20 000 Gene macht dich zu dem einzigartigen Lebewesen, das du bist.

Wer isst kein Obst?

Als die Menschen begannen, sehr lange Seereisen zu unternehmen, merkten sie recht bald, dass sie Vitamin-C-haltige Nahrungsmittel mit an Bord nehmen mussten. Denn auf den langen Reisen, auf denen sie weder frisches Obst noch Gemüse dabeihatten, wurden viele Seemänner sehr krank und starben – an Skorbut oder an anderen Vitaminmangelerkrankungen wie Beriberi und Pellagra. Sobald das Problem erkannt war, gehörten Zitronen mit zum Proviant.

Falls du schon einmal einen Kuchen gebacken hast, weißt du, dass man dabei leicht Fehler machen kann. Man kann das Salz vergessen, die doppelte Menge Mehl nehmen oder aber falsche Zutaten in den Teig geben. Das Salz vergessen ist nicht so schlimm, aber mit der doppelten Menge Mehl wird der Kuchen steinhart. Nimmst du anstelle von Milch Orangensaft, schmeckt der Kuchen vielleicht sogar unerwartet gut. Ähnlich verhält es sich mit Mutationen der DNA. Sie können für ein Lebewesen gut oder schlecht sein, möglicherweise nichts Spürbares bewirken oder aber sehr erfreuliche Auswirkungen haben.

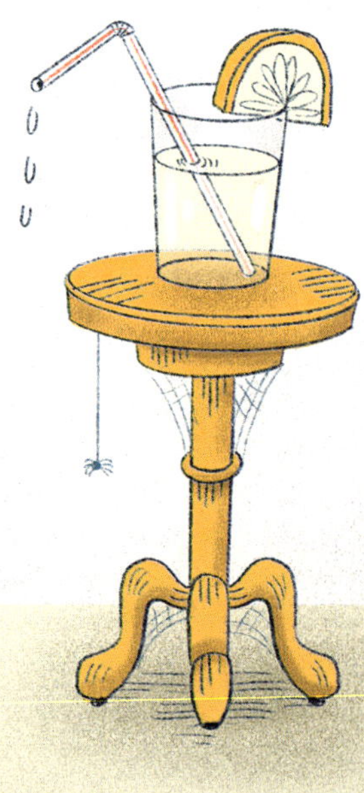

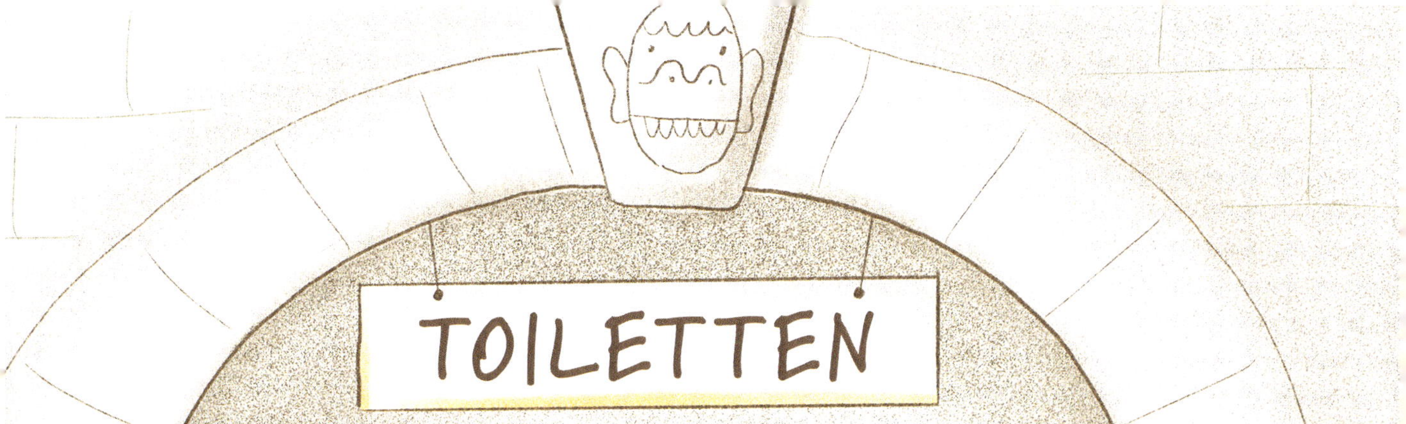

Vor langer, langer Zeit mutierte bei deinen Affenvorfahren ein GULO genanntes Gen. GULO bewirkt, dass der Körper von Tieren selbst Vitamin C erzeugt. Nachdem dieses Gen kaputtging, konnte es nicht mehr repariert werden. Damals war das nicht so schlimm, denn jene frühen Affen fraßen sowieso jeden Tag Obst und nahmen dadurch reichlich Vitamin C auf. Erinnerst du dich noch, dass ich gesagt habe, dass Veränderungen nur bestehen bleiben, wenn sie nützliche Folgen haben? Forschende nehmen an, dass das GULO-Gen auch die Fettablagerungen im Körper der Tiere steuerte. (Manche Gene haben mehr als eine Funktion.) Vielleicht ermöglichte das GULO-Gen deinen Vorfahren, dicker zu werden. Das ist sehr nützlich für einen Affen, der nie weiß, wann er wieder Futter findet. Für Menschen dagegen ist es oft nicht so nützlich ...

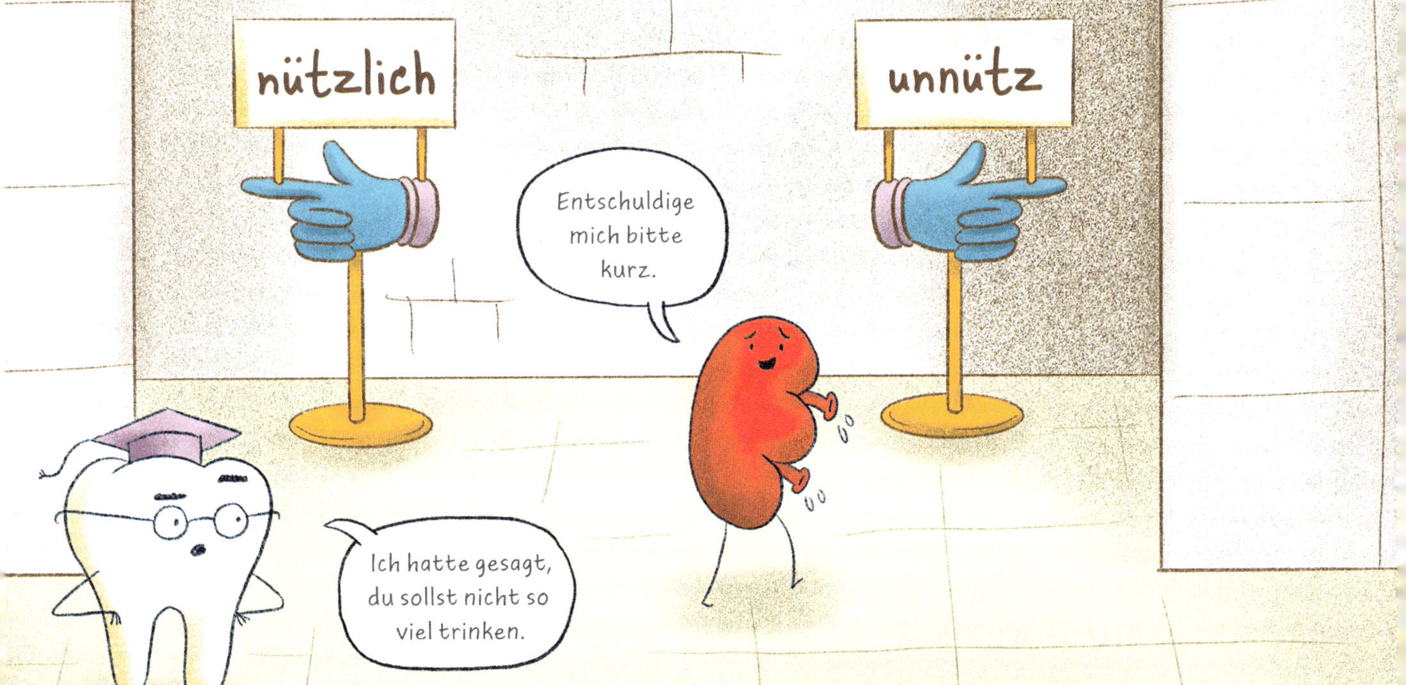

SCHRUMPELFINGER

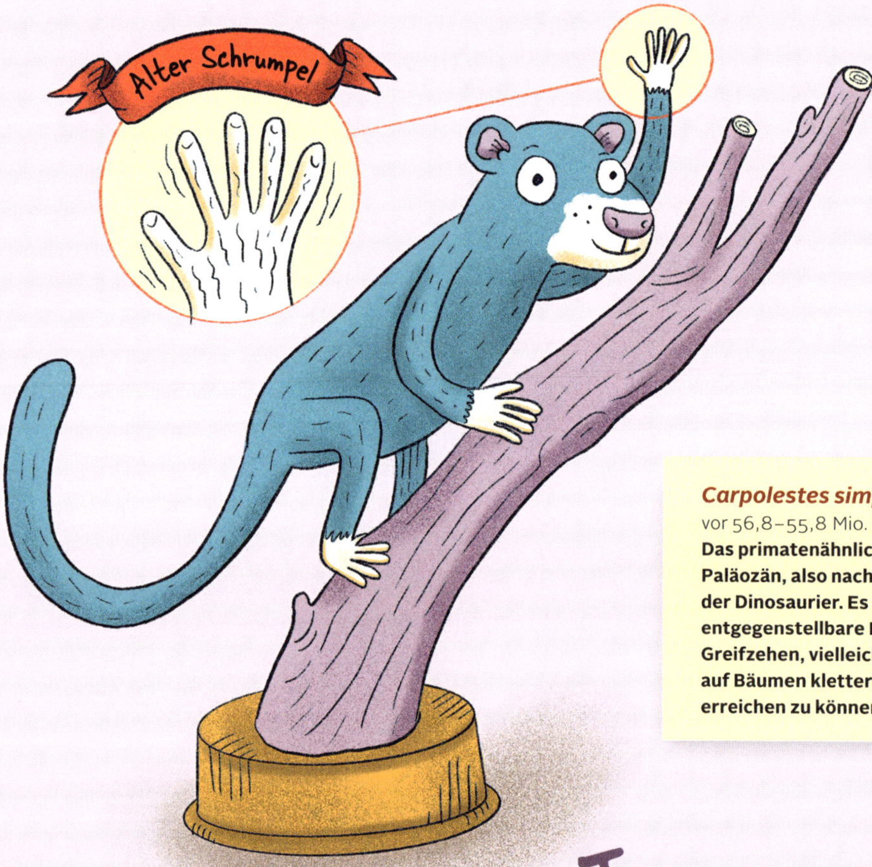

Carpolestes simpsoni
vor 56,8–55,8 Mio. J. • 113 g
Das primatenähnliche Tier lebte im Paläozän, also nach dem Untergang der Dinosaurier. Es entwickelte entgegenstellbare Daumen und Greifzehen, vielleicht um damit besser auf Bäumen klettern und Früchte erreichen zu können.

Jeder kennt das: Wenn du zu lange in der Badewanne liegst, werden deine Finger und Zehen schrumpelig. Die übrige Haut bleibt glatt, überall am Körper. Komischerweise passiert das bei den meisten anderen Tieren nicht. Was also ist los mit den Fingern und Zehen der Menschen? Genau weiß man es nicht, doch einige Forschende nehmen an, dass die Schrumpelfalten deinen Vorfahren an Regentagen einen sichereren Griff ermöglichten. Ähnlich wie ein Reifenprofil boten die Rillen dem Wasser die Möglichkeit abzufließen, sodass Finger und Zehen beim Klettern nicht von den nassen Ästen abrutschten.

Die meisten auf Bäume kletternden Tiere besitzen Krallen. Affen und Menschenaffen dagegen haben Finger- und Zehennägel, genau wie du. Nägel können sich nicht so tief in die Baumrinde bohren wie Krallen. Andererseits ist es mit Fingernägeln vielleicht leichter, Früchte von den Zweigspitzen zu pflücken. Schrumpelfinger und ihre Nägel könnten deinen frühen Vorfahren geholfen haben, mit Früchten behangene Zweige zu sich heranzuziehen. Das ist nur eine Theorie, aber ich finde sie einleuchtend.

Und damit beenden wir unsere Besichtigung deines inneren Affen. Doch noch wartet ein letztes Ausstellungsstück auf uns, der Star der Rudimente. Um zu begreifen, warum er so wichtig ist, müssen wir weit in der Zeit zurückgehen ...

Liebe deine Überbleibsel

Wie lange dauert es, bis deine Finger schrumpeln?

Besorge dir eine Stoppuhr. Brauchen die Finger deiner Freunde und Freundinnen ebenso lange? Und hier noch ein Test. Dazu brauchst du Murmeln, einen Behälter mit einem kleinen Loch und einen großen Eimer voller Wasser. Stelle den Behälter in den Eimer und stecke die Murmeln durch das Loch im Behälter. Stoppe, wie lange du brauchst, bis alle drin sind. Geht es mit glatten Fingern schneller als mit schrumpeligen?

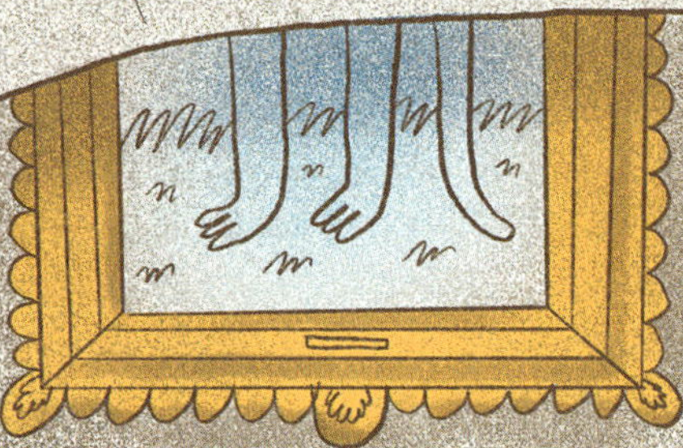

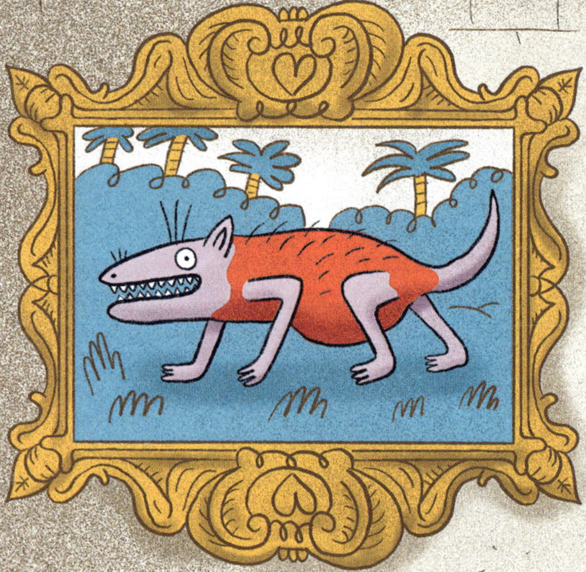

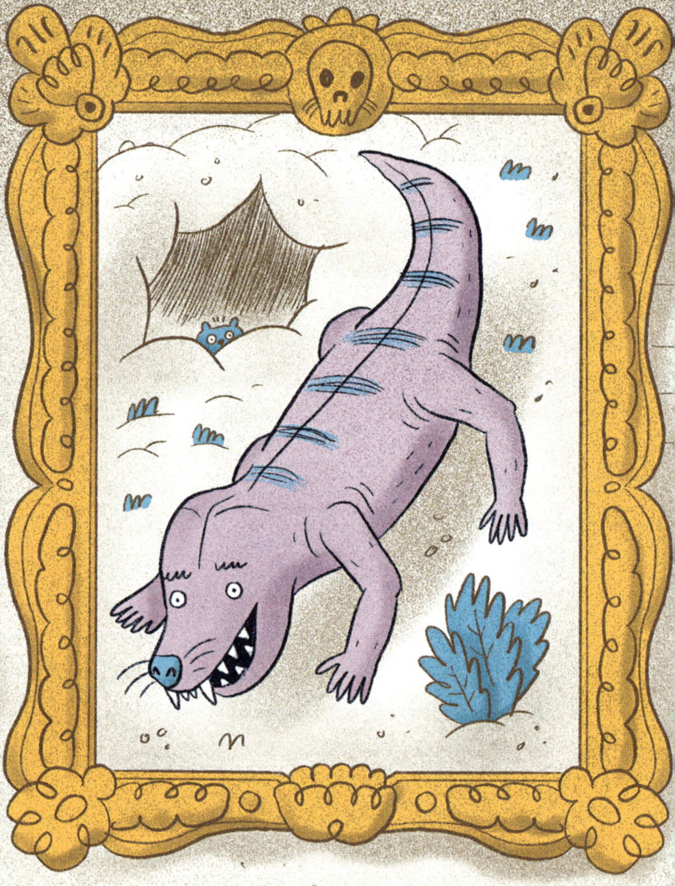

Juramaia sinensis

vor 160 Mio. J. • 7,5 cm

Dieses kleine mäuseähnliche Säugetier ist eines der ersten Plazentatiere: Die Jungen wurden im Bauch der Mutter über die Plazenta ernährt, so wie es auch bei dir war.

Thrinaxodon liorhinus alias Dachs-Leguan

vor 245–240 Mio. J. • 50 cm

***Thrinaxodon* war ungefähr so groß wie eine Hauskatze, wohnte in unterirdischen Bauen und könnte Fell und Schnurrhaare gehabt haben.**

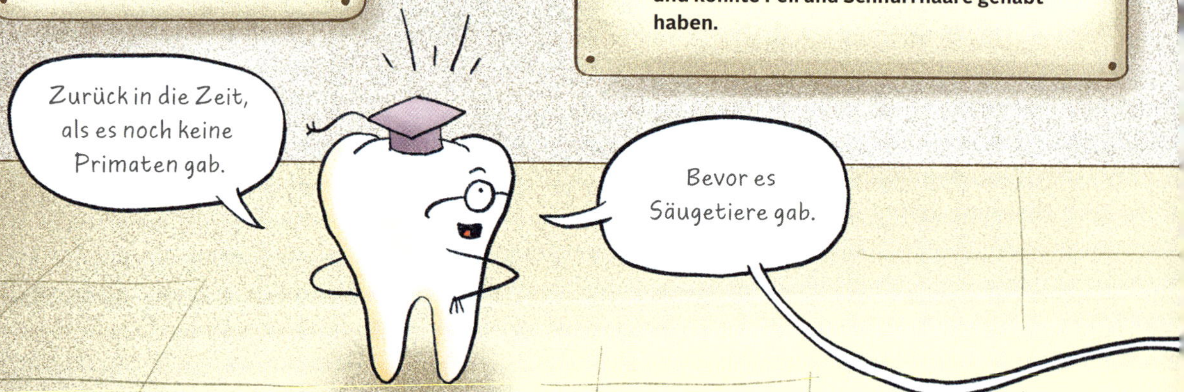

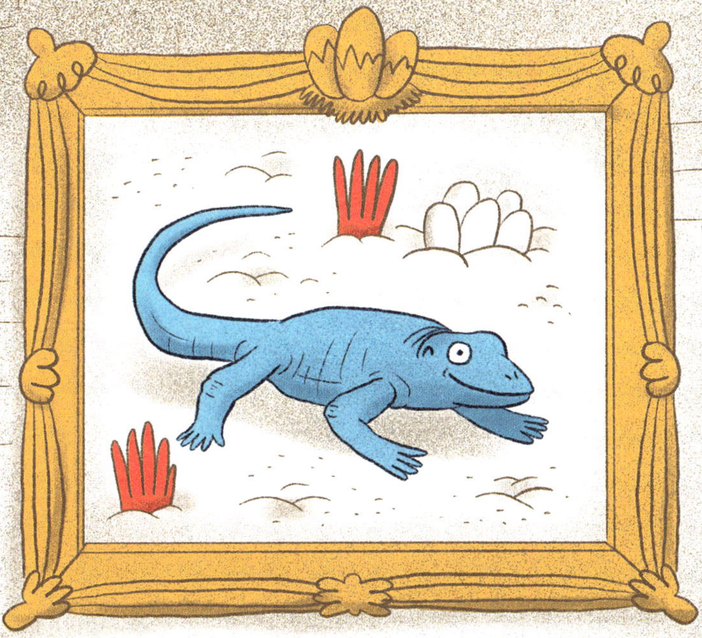

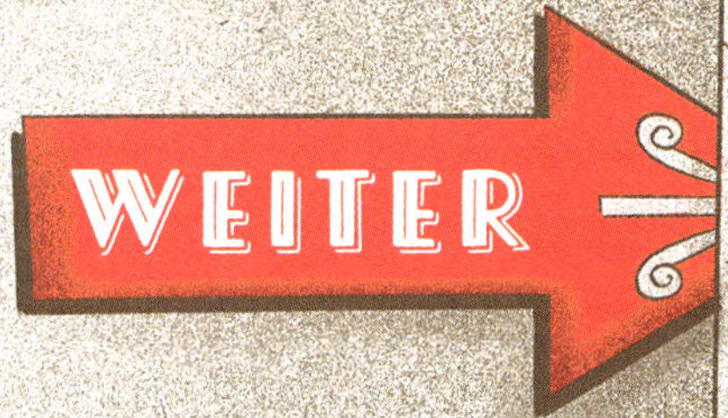

Archaeothyris florensis
vor 306 Mio. J. • 50 cm
Dieses eidechsenähnliche Tier zählt zu den ersten Amnioten. Anders als die Amphibien müssen Amnioten ihre Eier nicht mehr in Wasser ablegen, weil ihre Eier feste Schalen haben. Die Schalen bewahren die Eier vor dem Austrocknen.

Ja, wir gehen noch weiter in der Zeit zurück – um weitere 50 Millionen Jahre. Damals planschten deine frühen Vorfahren noch im Wasser herum. Doch wir müssen noch weiter zurück, bis wir ihn erreicht haben: den Schluckauf!

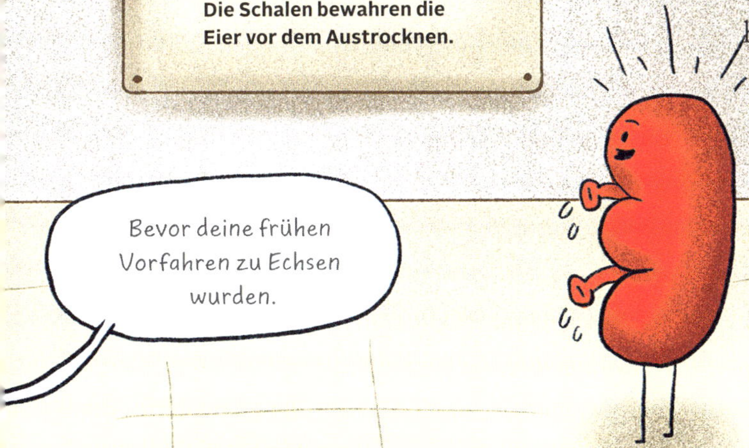

SCHLUCKAUF – UNSER HELD!

alias Icky
Ichthyostega stensioei
vor 365 Mio. J. • 1,5 m
Ichthyostega **war ein großes Tier, das einem Salamander ähnelte. Es lebte überwiegend in seichtem Wasser, besaß sowohl Lunge als auch Kiemen und könnte ein früher Vorfahre (oder ein früher Cousin) sämtlicher landlebender Wirbeltiere gewesen sein – also aller Amphibien, Reptilien, Vögel und Säugetiere.**

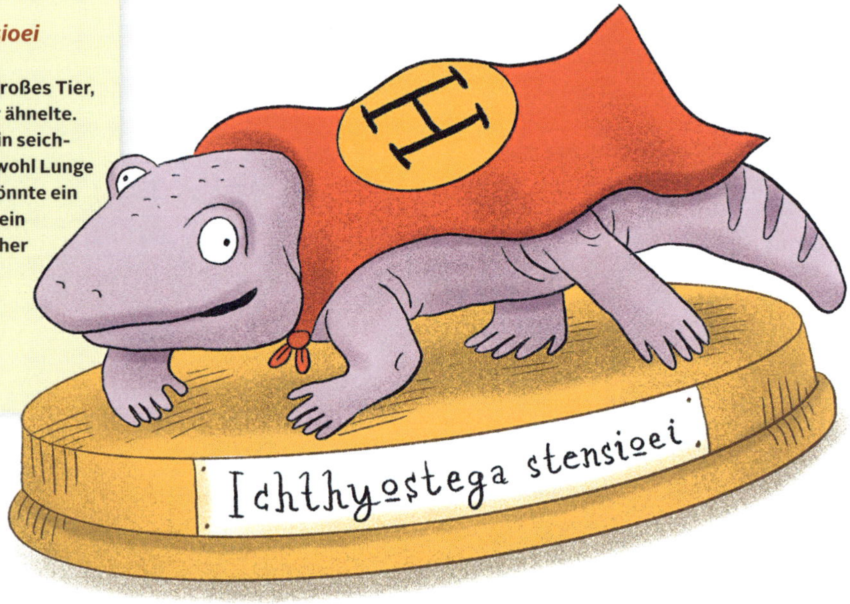

S**CHLUCKAUF!** Schluckauf ist voll cool! Der Star unter den Rudimenten. Forschende nehmen an, dass es ihn gibt, seit deine sehr frühen Vorfahren in der Lage waren, im Wasser *und* an Land zu atmen. Das ist ungefähr 350 Millionen Jahre her. Verstehst du jetzt, was ich mit „cool" meine? Applaus für den Schluckauf!

Erklären will ich ihn dir aber am Beispiel von etwas weniger Altem: einer Kaulquappe. Du weißt ja, dass Kaulquappen im Wasser leben und Babyfrösche sind, obwohl sie wie kleine Fische aussehen. Ebenso wie Fische atmen sie unter Wasser, indem sie durch ihr Maul Wasser einsaugen und es dann durch ihre **Kiemen** wieder herausdrücken. (Kiemen sind Öffnungen seitlich hinter den Augen.) Wenn die Kaulquappen wachsen, bilden sich bei ihnen Arme und Beine und auch eine Lunge. Wenn sie nun Kiemen *und* Lunge haben, müssen sie ihre Luftröhre unter Wasser verschließen, damit kein Wasser in die Lunge eindringt, sobald sie Wasser durch die Kiemen drücken.

Das Zwerchfell verkrampft sich und löst ein plötzliches Einsaugen der Luft in die Lunge aus. Dadurch schließt sich eine Klappe in der Kehle.

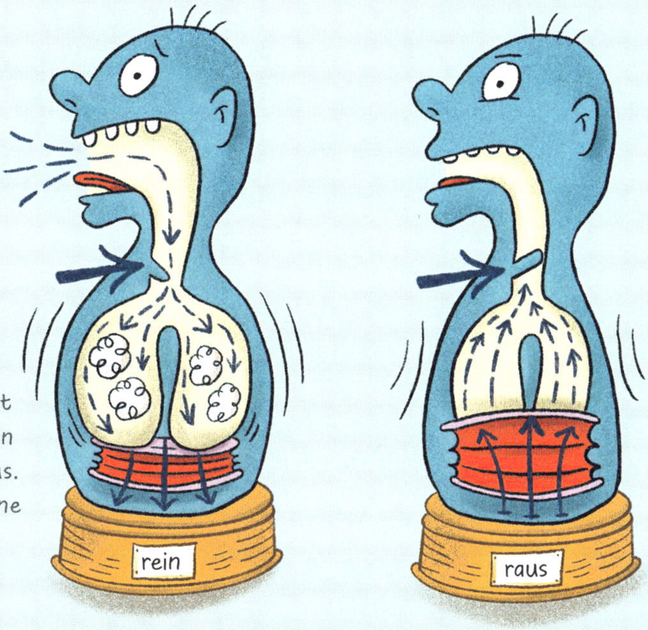

Einen Augenblick lang kannst du weder ein- noch ausatmen. Dadurch entsteht das „Hicks"-Geräusch.

Deshalb atmen Kaulquappen noch einmal schnell Luft ein und pressen dann ihre Kehle zusammen. Deine sehr frühen Vorfahren taten dasselbe, bevor sie vom Atmen an Land zum Atmen unter Wasser wechselten. Und der Muskel, der die Kehle zusammenpresst, verursacht auch den Schluckauf.

Warum Menschen und die meisten Säugetiere auch noch nach 350 Millionen Jahren Schluckauf bekommen, bleibt ein Rätsel. Es könnte sein, dass er Babysäugetieren hilft, das Einsaugen der Milch zu lernen. Auf jeden Fall aber ist der Schluckauf mein Held!

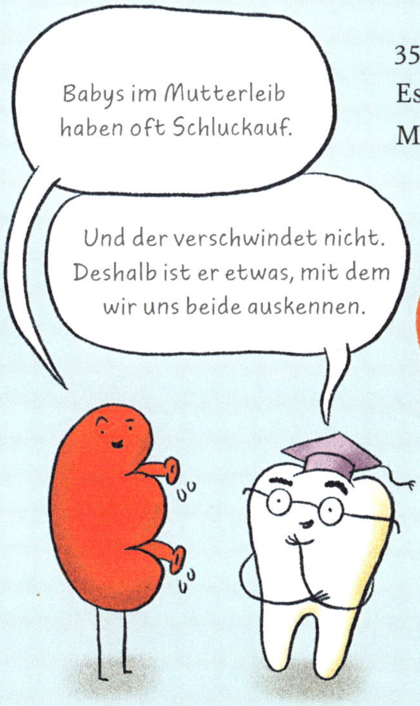

LIEBE DEINE ÜBERBLEIBSEL

Was, du liebst deinen Schluckauf nicht?

So wirst du ihn wieder los: Luft anhalten. In eine Papiertüte atmen. Knie bis an die Brust anziehen. An deiner ausgestreckten Zunge ziehen. Eiswasser trinken. Einen Löffel Honig essen. An einer Zitrone lutschen.

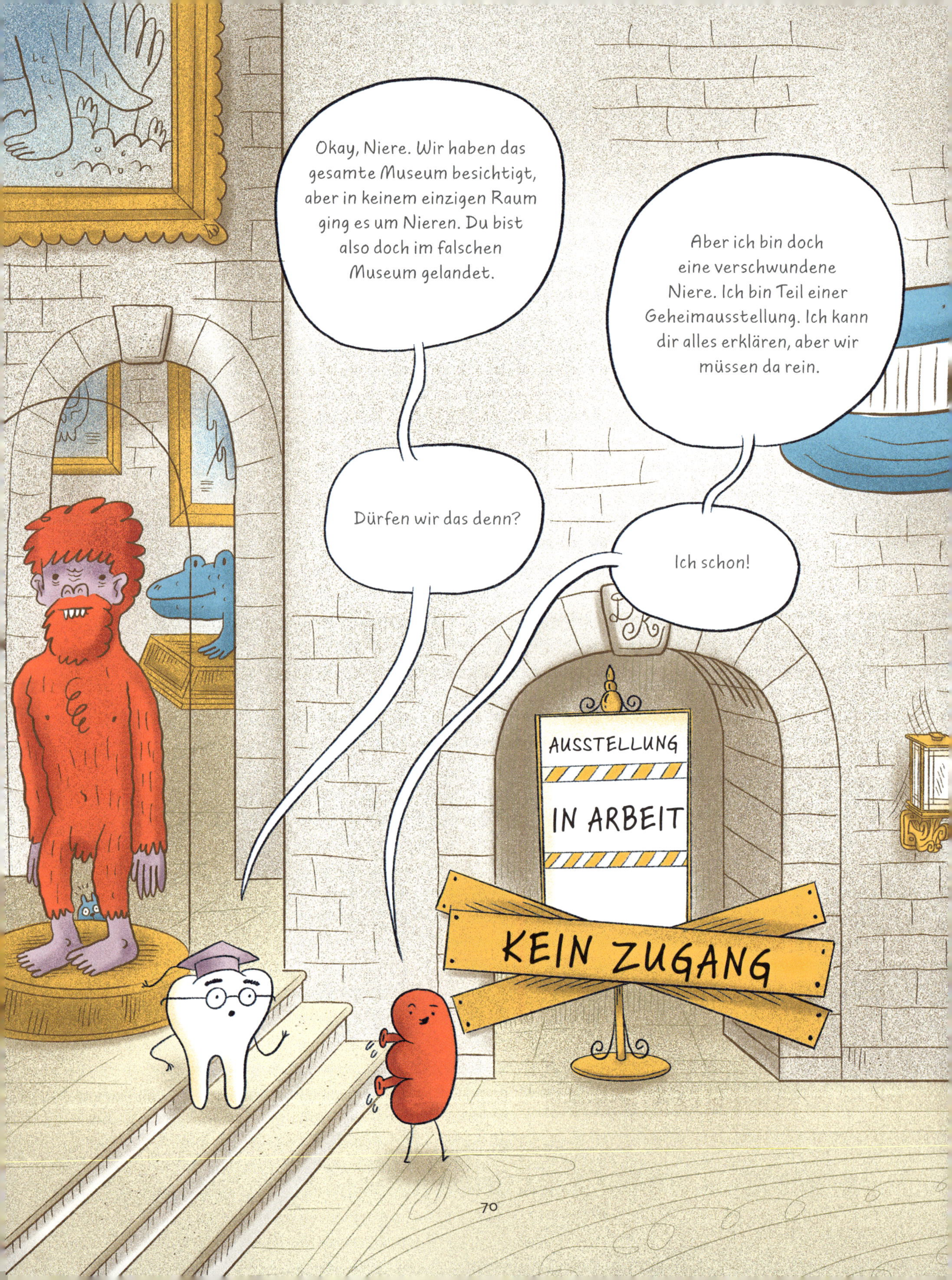
Okay, Niere. Wir haben das gesamte Museum besichtigt, aber in keinem einzigen Raum ging es um Nieren. Du bist also doch im falschen Museum gelandet.
Aber ich bin doch eine verschwundene Niere. Ich bin Teil einer Geheimausstellung. Ich kann dir alles erklären, aber wir müssen da rein.
Dürfen wir das denn?
Ich schon!
AUSSTELLUNG
IN ARBEIT
KEIN ZUGANG

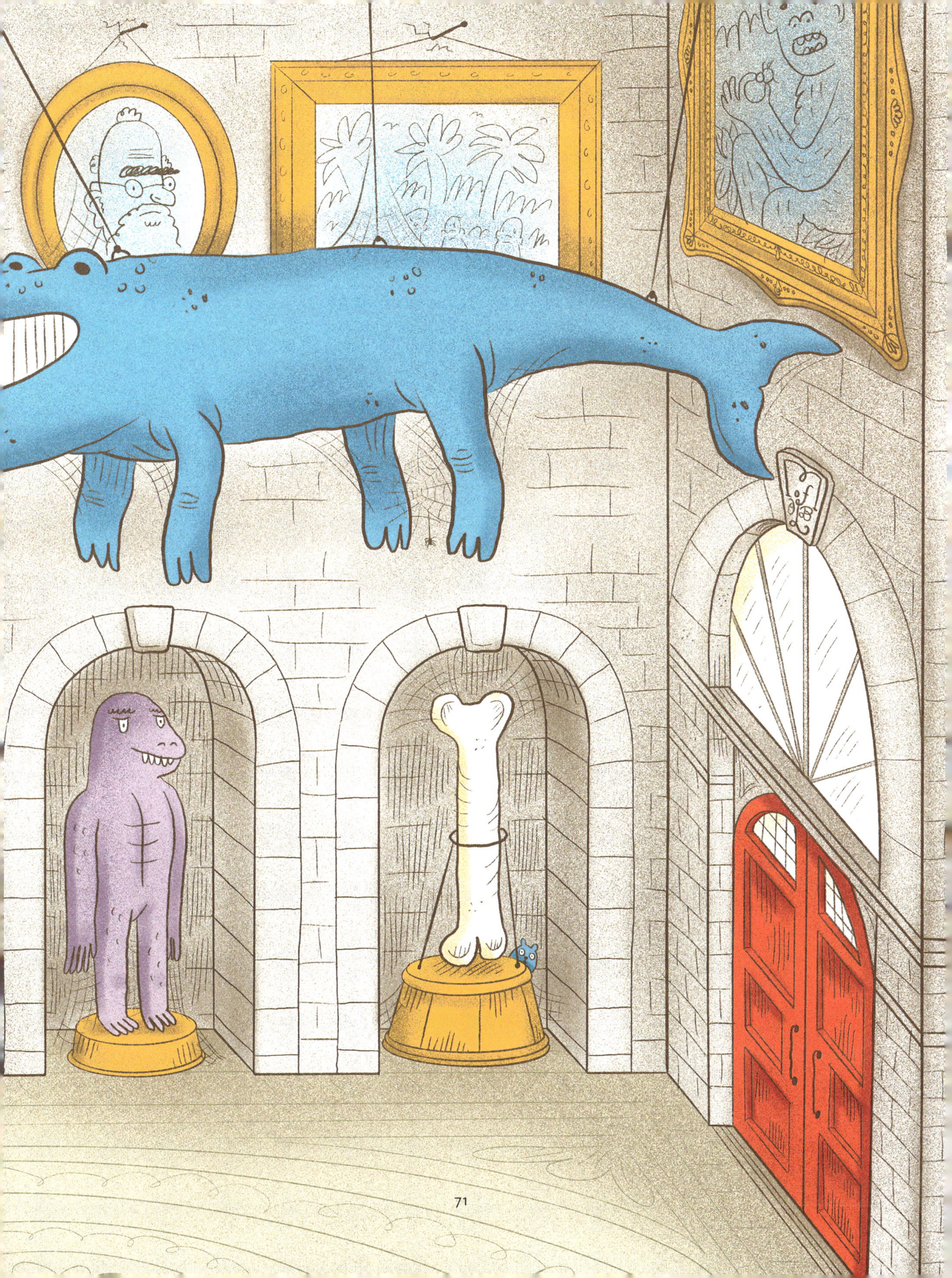

DIE FANTASTISCHE VERSCHWUNDENE NIERE

MEINE DAMEN UND HERREN, liebe Zähne und Zehennägel, heute möchte ich Ihnen mein wundersames Erscheinen vor Ihnen erklären. Nieren sind so unglaublich unverzichtbar, dass alle Menschen nicht nur mit einer, sondern mit zwei Nieren zur Welt kommen. Diese beiden Nieren reinigen jeden Blutstropfen im menschlichen Körper 40-mal am Tag. Sie filtern den Müll heraus, lassen das Wasser abfließen und halten all die wertvollen Salze und Mineralien in Bewegung. Ohne diese unermüdlich arbeitenden Organe könnten Menschen gar nicht leben. Doch ich bin nicht so eine Niere!

Menschenbabys entwickeln nämlich nicht nur die beiden Nieren, mit denen sie geboren werden. Nein! Sie entwickeln *zwei* Nierenpaare, sodass sie insgesamt *vier* Nieren haben.

Ich hatte bereits geschildert, wie sich Babys aus einem Schleimklümpchen zu einem richtigen kleinen Menschen entwickeln und wie ihre Körperteile zu unterschiedlichen, aber genau aufeinander abgestimmten Zeiten wachsen.

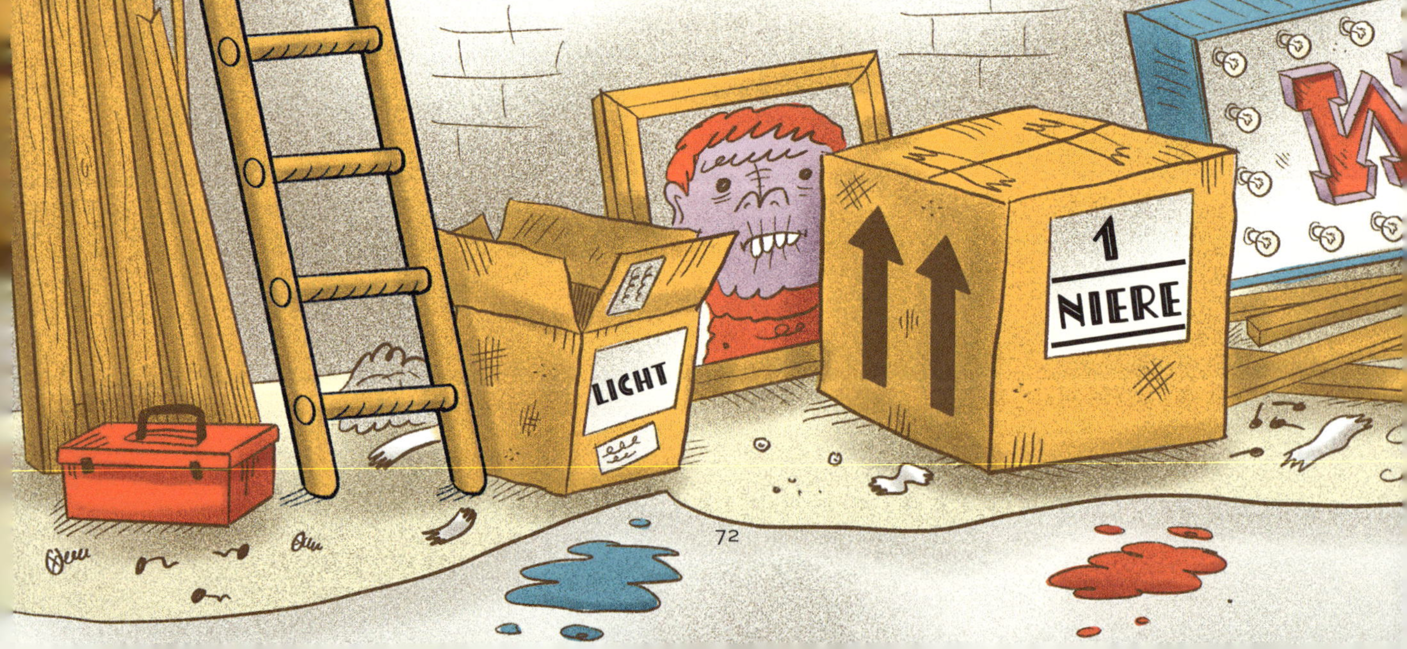

Ungefähr vier Wochen, nachdem das Schleimklümpchen entstanden ist, bilden sich in ihm kleine Kugeln, aus denen ein geheimes zweites Nierenpaar wird. Diese wunderbaren Dingelchen traten erstmals vor 400 Millionen Jahren bei Urzeitfischen auf. Ich bin also nichts anderes als eine urzeitliche Fischniere. Und deshalb bin ich älter und cooler als der Schluckauf!

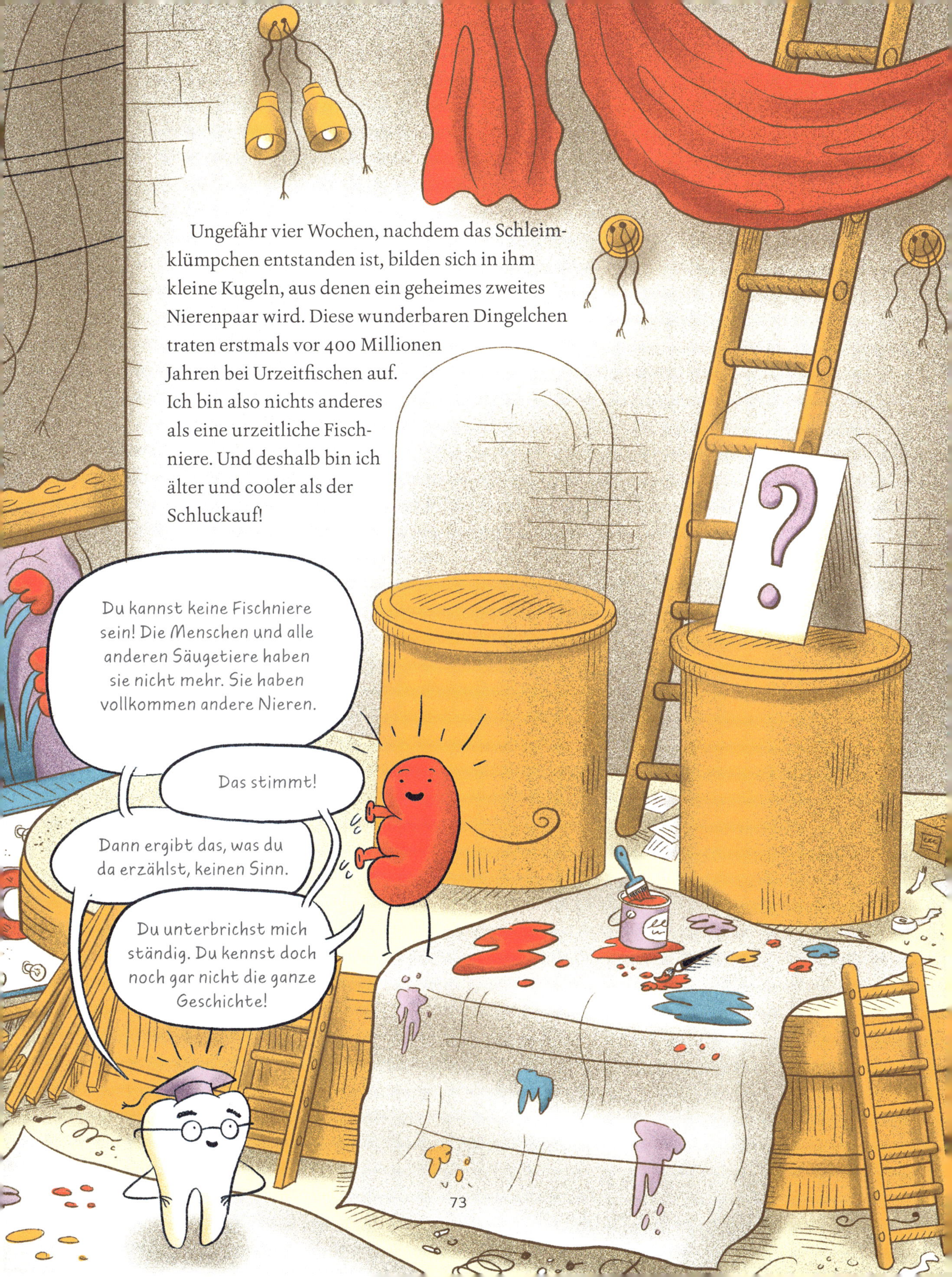

Wir sind nicht so komplex wie die Nieren, mit denen Menschen zur Welt kommen, und beherrschen nicht so viele Aufgaben wie sie. Wir sind alte Überreste, aber alles andere als unnütz. Wir arbeiten sehr schwer! Wir sind ebenso zäh und fleißig wie die anderen Nieren. Wir sind nämlich aktiv, während das Baby seinen zweiten Satz Nieren ausbildet, die, die es sein ganzes Leben lang behalten wird. Ohne uns „alte" Nieren könnten Babys solch wundervoll komplizierte Organe überhaupt nicht aufbauen. Denn während diese entstehen, reinigen wir das Blut, filtern den Müll heraus – und all das im Geheimen. Sobald das zweite Nierenpaar fertig ist und seine Arbeit gut macht, verschwinden wir wie durch Zauberei. Simsalabim – weg sind wir! Von uns bleiben nur ein paar Gefäße mit komischen Namen wie der Wolff-Gang oder das Epoophoron zurück. Wir sind Rudimente. *Und* wir sind wichtig!

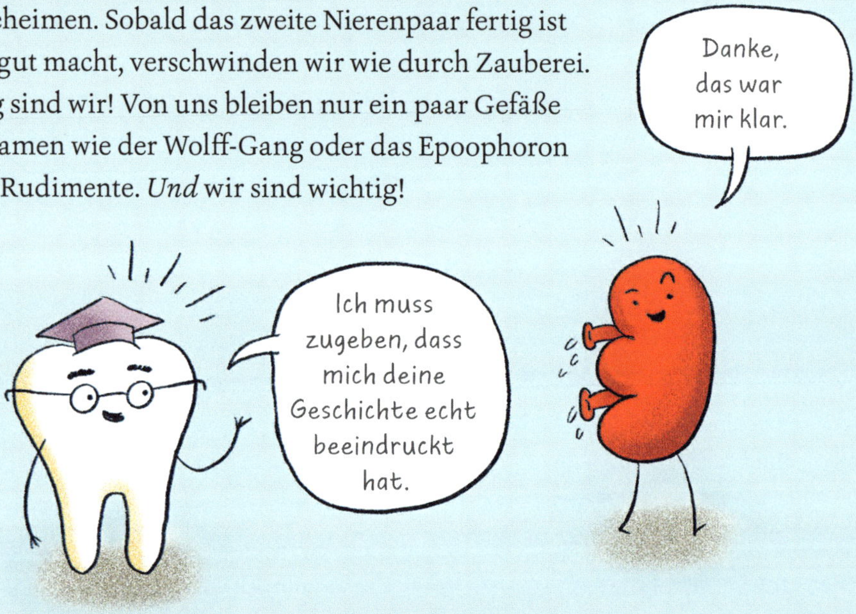

Leider, leider, leider sind wir jetzt am Ende unseres Rundgangs durch das Museum der unnützen Körperteile angelangt. Ich hoffe, dir hat es gefallen. Was wir hier vorgestellt haben, ist nur ein kleiner Teil der Wunder, die in deinem Körper vor sich gehen, und nur ein kurzer Ausblick auf deine beeindruckenden Vorfahren. Es gibt so viel mehr herauszufinden und zu entdecken!

Gehe jetzt bitte durch den Museumsshop hinaus und kaufe dir ein Souvenir. Jeder Cent der Einnahmen fließt in den Erhalt dieses wunderbaren Museums. Erzähle auch all deinen Freundinnen und Freunden von diesem Museum und besuche uns bald wieder.

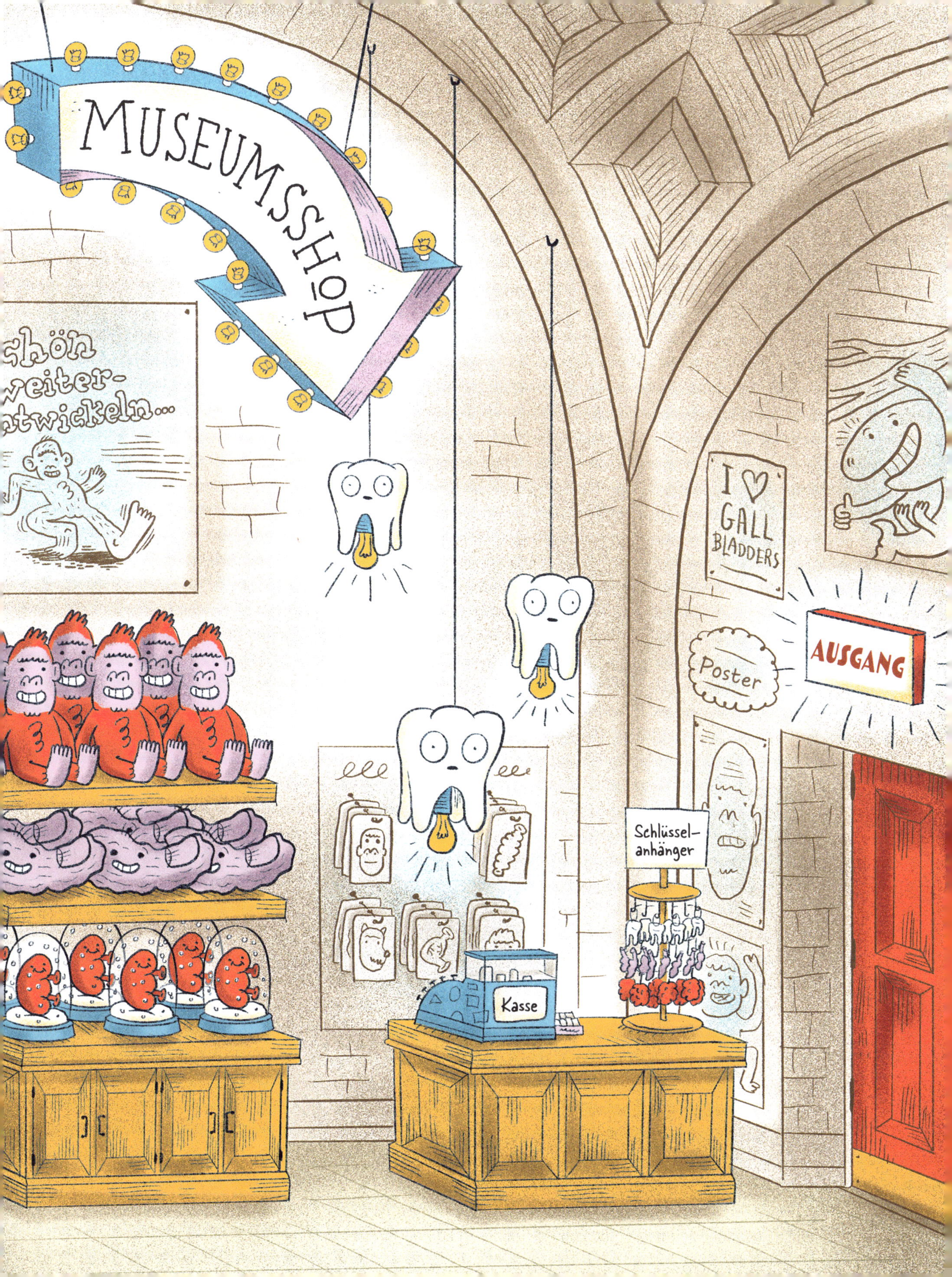
MUSEUMSSHOP
…schön …weiter- …twickeln…
I ♥ GALL BLADDERS
Poster
AUSGANG
Schlüssel-anhänger
Kasse

GLOSSAR

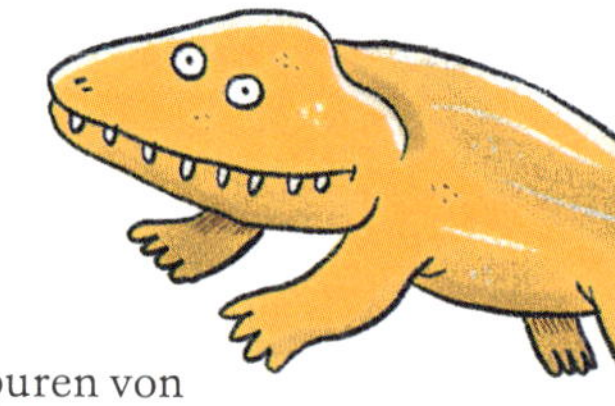

Achillessehne
Sehne, die Wadenmuskel und Ferse verbindet.

Amphibien
Eine Klasse von Tieren, der unter anderem Frösche, Molche und Salamander angehören. Amphibien können sowohl im Wasser als auch an Land atmen.

Anämie
Blutkrankheit, die von Eisenmangel verursacht werden kann.

Art
Eine Gruppe von Lebewesen, die gemeinsame Vorfahren haben und sich untereinander fortpflanzen können.

Backenzähne
Breite Zähne mit flacher Oberfläche zum Zermahlen der Nahrung.

biped
Zweibeinig, auf zwei Beinen laufend.

DNA (Desoxyribonukleinsäure)
Der in Zellen enthaltene genetische Bauplan, der jedes Lebewesen einzigartig macht.

Evolution
Der Vorgang, in dessen Verlauf sich alle Lebewesen entwickeln und verändern.

fehlendes Glied / Missing Link
Eine Lücke im Fossilienbericht, die zwischen Vorfahren und Nachkommen klafft, sodass Forschende nicht alle Entwicklungsschritte einer Art nachverfolgen können.

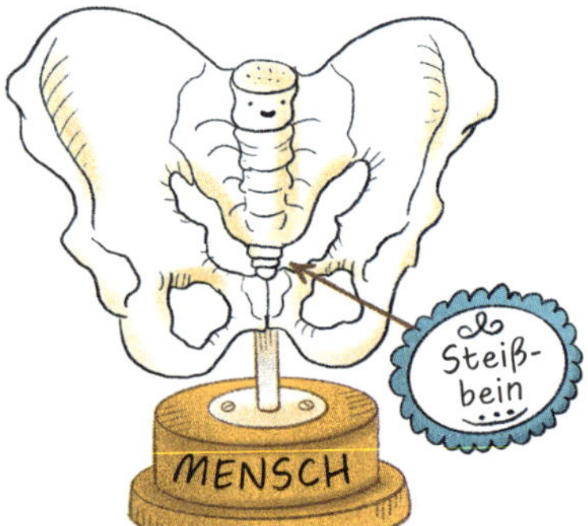

Fossilien
Mineralisierte Überreste oder Spuren von vor langer Zeit lebenden Wesen, die in Gestein erhalten geblieben sind.

Gene
DNA-Abschnitte. Gene enthalten die Informationen, die steuern, welche Eigenschaften und Merkmale von Eltern an Kinder vererbt werden.

genetische Variation
Die Unterschiede zwischen Individuen derselben Art.

Greifzeh
Ein großer Zeh, der vom zweiten Zeh absteht und zusammen mit den anderen Zehen Äste und Ähnliches fest greifen kann, so wie ein Daumen zusammen mit den Fingern greift.

Hominini
Die Gruppe, zu der alle Menschen, die jemals lebten, sowie ihre menschenähnlichen Vorfahren zählen.

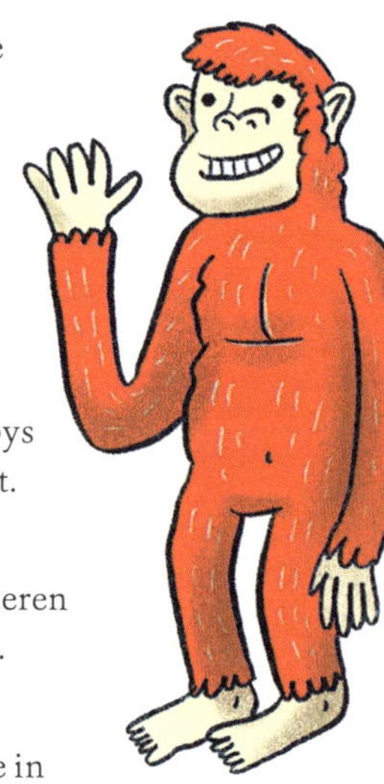

Kiemen
Organe, mit denen Fische und einige Amphibien unter Wasser atmen.

Lanugo
Zarter Flaum, der den Körper von Babys vor und kurz nach der Geburt bedeckt.

Merkmal
Eine Besonderheit oder Eigenschaft, deren Vererbung durch Gene gesteuert wird.

Milchzähne
Die ersten Zähne, die junge Säugetiere in ihrer Kindheit verlieren, wenn die bleibenden Zähne nachrücken.

Mutation
Eine Veränderung in der DNA.

Nachkommen
In jüngerer Zeit lebende Wesen, die von Vorfahren abstammen.

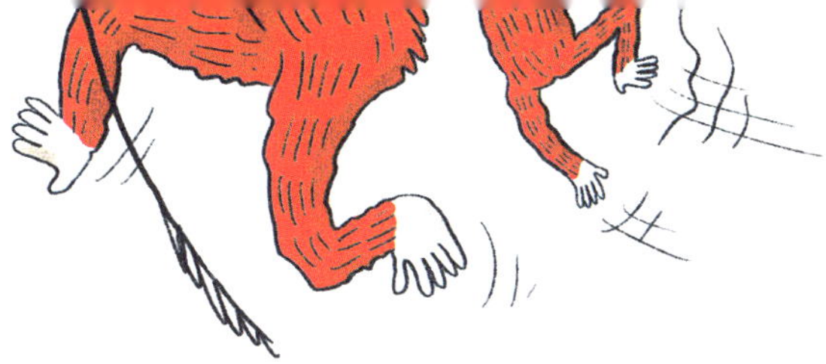

natürliche Auslese
Ein Vorgang, in dessen Verlauf diejenigen Individuen einer Art, die sich am besten an ihre Umwelt angepasst haben, länger überleben und Nachwuchs bekommen.

Nickhaut
Ein durchsichtiges Häutchen zwischen Auge und Lidern, das bei manchen Tierarten das Auge zusätzlich schützt.

Prothese
Ein künstliches Glied, das ein fehlendes Körperteil ersetzt oder ein beschädigtes Körperteil unterstützt.

Reflex
Eine automatische, unwillkürliche Reaktion des Körpers auf einen bestimmten Reiz.

Rudimente
Teile des Körpers, die keine Funktion zu haben scheinen, die aber bei den Vorfahren der betreffenden Art wichtige Aufgaben innehatten.

Säugetier
Mitglied der Gruppe von Tieren, bei denen die Weibchen ihre Jungen säugen.

sexuelle Auslese
Eine natürliche Auslese, bei der manche Partner aufgrund auffälliger, anziehend wirkender Merkmale ausgesucht werden, wie etwa ein schönes Gefieder oder ein großes Geweih.

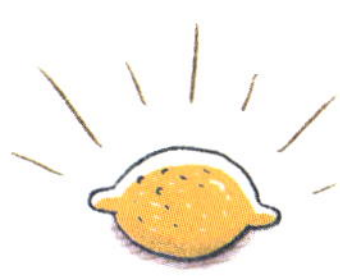

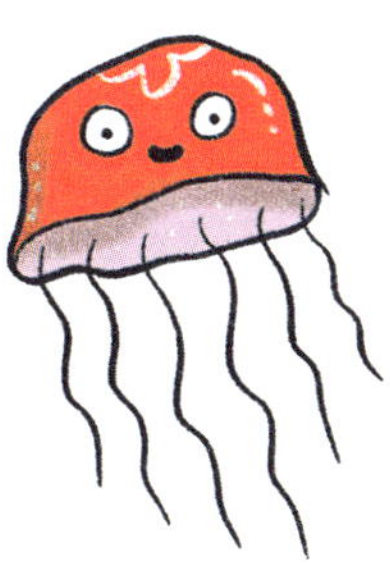

Skorbut
Eine durch den Mangel an Vitamin C verursachte Krankheit.

Steißbein (Coccyx)
Ein kleiner dreieckiger Knochen am unteren Ende der Wirbelsäule der Menschen und einiger Menschenaffenarten, der durch das Verschmelzen mehrerer Wirbel entstanden ist.

Tarnung
Das optische Verschmelzen mit der Umgebung, das durch eine besondere Färbung erzielt wird.

Theropoden
Eine sehr alte Gruppe von Tieren, der alle ausgestorbenen und heute lebenden Vögel zugerechnet werden sowie alle Echsenbeckendinosaurier.

Vorfahre
Ein älteres Lebewesen, von dem später lebende Wesen abstammen.

Weisheitszähne
Die meist um das 20. Lebensjahr herum aus dem Kiefer wachsenden, hintersten Backenzähne des Menschen.

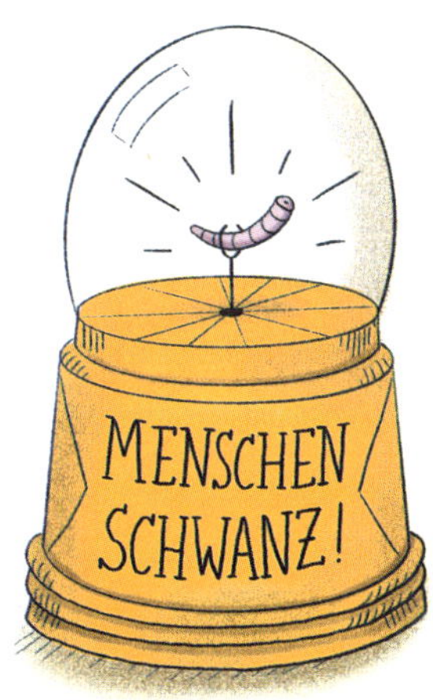

REGISTER

Dieses Register funktioniert ein bisschen so wie eine Landkarte. Du kannst hier nachsehen, auf welchen Seiten du das findest, was dich besonders interessiert. So findest du beispielsweise die Dinosaurier auf Seite 36. Alle wichtigen in diesem Buch vorkommenden Begriffe, die sogenannten Stichwörter, sind hier in alphabetischer Reihenfolge aufgeführt, einzeln oder als Unterpunkt eines Hauptbegriffs (wie z. B. unter „Tiere"). Wenn zwischen zwei Zahlen ein Bis-Strich steht, bedeutet das, dass du die gewünschten Informationen auf den Seiten vor und nach dem Bis-Strich findest.

INFOS

RACHEL POLIQUIN schreibt meistens über Tiere. Am liebsten ehrt sie unbekannte und ungewöhnliche Helden. Sie ist die Autorin der Superpower Field Guides, der Polite Predator Series und von *The Strangest Thing in the Sea*. Zusammen mit ihrem Mann und drei Kindern lebt sie in Vancouver, Kanada.

CLAYTON HANMER alias CTON hat schon viele Kinderbücher illustriert. Seine preisgekrönten Comics erscheinen in *National Geographic Kids*, der *New York Times* und *Today's Parent*. Er lebt in Bloomfield, Kanada.

Ein dickes Dankeschön an die Forschenden und alle Fossilienjägerinnen und Fossilienjäger, die ihr Wissen mit mir teilten. Ganz besonders danke ich Dr. Mark Changizi, Dr. Bernadette de Bakker, Dr. Susan Larson, Dr. Sergi López-Torres, David Moscato und Will Harris (und ihrem Podcast *Common Descent*), Chris Stinson und Dr. Sakaya Tojima. RP

Ich danke meinen Großeltern (und Eltern) dafür, dass sie in meiner Kindheit regelmäßig mit mir ins Museum gingen. Je größer, gruseliger und höhlenartiger das Museum war, umso besser. Auf diese Weise nährten sie meine Neugier für alles Seltsame und meine Liebe zu winzigen Details und großen Dioramen. CTON

Titel der Originalausgabe:
The Museum of Odd Body Leftovers
Erschienen bei Greystone Books Ltd.,
343 Railway Street, Suite 302,
Vancouver, B.C. V6A 1A4, Canada

Copyright Text © 2022 Rachel Poliquin
Copyright Illustrationen © 2022 Clayton Hanmer

Deutsche Erstausgabe
3. Auflage 2024
Copyright © 2024 von dem Knesebeck GmbH & Co. Verlag KG, München
Ein Unternehmen der Média-Participations

Projektleitung: Melanie Schöni, Knesebeck Verlag
Übersetzung: Dr. Cornelia Panzacchi, Göttingen
Umschlaggestaltung: Leonore Höfner, Knesebeck Verlag
Satz: Buchflink, Rüdiger Wagner, Nördlingen
Lektorat: Gerdi Killer, booklab GmbH, München
Herstellung: Arnold & Domnick, Leipzig
Druck: Neografia, Slowakei
Printed in Slovakia

ISBN 978-3-95728-793-9

Alle Rechte vorbehalten, auch auszugsweise.

www.knesebeck-verlag.de